U0142484

東南亞崛起中

——窺視東南亞的面貌與商機

The Rising Southeast Asia :
Peeping the Landscape and Business of Southeast Asian Countries

宋鎮照 主編
張文德

五南圖書出版公司 印行

編者序

　　隨著中國大陸的崛起後，東南亞也隨之崛起。近年來東南亞經濟的快速成長，每年都享以 6~7% 的高經濟成長，讓東南亞成為世界受寵的新興經濟體，而紛紛前往東南亞投資。東南亞以人口和區域市場來看，整個東南亞擁有 6.5 億人口，僅次於中國和印度，位居第三，也比整個歐盟人口來得多，足見其市場潛力以及人口紅利優勢。若以高度經濟成長速度來看，根據《經濟學人》的預估，在 2030 年時其經濟體可以成為世界第四大。臺灣豈可不正視東南亞的發展潛力，而失去在東南亞的競爭力。特別是東南亞是臺灣第二大貿易夥伴、第二大出口市場，和第二大投資地，僅次於中國大陸，顯見東南亞對臺灣的重要性。

　　在 1967 年成立東協組織時，東南亞十國不論政治或經濟，都還處在不穩定的狀態。當年十個國家的 GDP 總額還不到 2,000 億美元，只占全球 GDP 總額的 1.03%。但是到了 2017 年，已經達 2.72 兆美元，十國的 GDP 總額已達到全球 GDP 總額的 3.4%，位居世界第七大經濟體。整體來說，在五十年之間的東協 GDP 成長將近 16 倍，遠高於全球的 4.8 倍。但觀望未來十年（2027）的前景，若以每年經濟成長達到 6~7% 以上，至少東協 GDP 可以再成長一倍，預期可以達到 5~6 兆美元。

　　相對地，臺灣在 2017 年的 GDP 總額約 5,600 億美元，臺灣在此 5,000 億美元的經濟規模已經盤旋好多年，在未來十年若每年的經濟

成長率僅以 2~3% 來計算的話，大約可能達到 7,000~8,000 億美元，屆時可能約僅東南亞整體 GDP 的 10~13.6% 而已。因此，樂觀的看法是：前進東南亞的投資報酬率肯定遠高於臺灣。

因此，「前進東南亞」是正確與理性的選擇，而「認識東南亞」是必備的關鍵條件，若無法認識和了解東南亞，前進東南亞勢必面臨很多挑戰與風險。尤其當前臺灣前進東南亞的新族群，已經不再只限於經貿投資的臺商，在新南向政策推動，重視「以人為本」的雙向交流，已經擴展到教育、宗教、文化、科技、創新、新創、媒體、旅遊、環保、農業等層面的交流，而且已經不再只是政府機構或企業團體組織，而是下放到「個人」和「國民」層次，那麼這一本書的出版問世，無疑地可以提供更多認識和了解東南亞各國的訊息和資料，有助於初學者輕易掌握東南亞最新的發展情勢。

其次，要投入撰寫認識東南亞的入門書，又要能夠接地氣，看似單純和簡單，不用太多學術思維和理論論述，但又要有閱讀內容和價值，老實說確實不容易寫。在此基本寫作的要求是：要親民、要平穩、要平實、又要易讀、又要引發閱讀興趣、又要類似參考手冊、又要資料豐富、又要觸及當前的最新資料、又要有內容、又不能太有創意、又不能提出個人看法等，要讓初學者容易了解東南亞各國的政治、經濟、社會、文化、歷史、區域、政策，和不動產發展趨勢，既要簡單扼要，不能夠太學術地引經據典，又要深入淺出，兼顧廣度和深度，又要對各國最新發展情勢與狀況完全掌握和接地氣，理出各國獨特的發展特色。希望在有限的篇幅要求下，能夠盡可能詳實詳盡地描繪和

介紹出東南亞各國的面貌和輪廓。

再其次，要感謝我們這本認識東南亞入門書手冊的研究團隊，發揮群策群力的努力與貢獻。本書的書寫作者群包括：戴萬平教授負責印尼與菲律賓，孫國祥教授負責越南、馬來西亞和新加坡、譚偉恩教授負責寮國、陳希宜教授負責緬甸、蔡相偉助理研究員負責柬埔寨和汶萊、宋鎮照教授和宋子煒老師負責泰國，同時宋鎮照教授也負責前言和結論兩章。全書各章並由宋鎮照教授校對與增修，按照整個編排架構設計，同時全書的簡化地圖都是由臺泰交流協會的祕書彭淑淩小姐製作，在大家的努力下，始能在短時間內，很有效率地完成這一本淺顯易讀的入門東南亞的重要資料手冊。

最後，此入門書手冊出版的主要目的是幫助初學者認識東南亞，但也因為內容平實、基礎、廣泛、深入、最新，又盡可能的羅列重要事件，以期跟國內外讀者分享訊息，其實這本認識東南亞的手冊專書，因為內容完整和易讀，也適合學校初階介紹東南亞的課程使用，當作教科書也是個不錯的選擇。最終要說的，因為此入門書手冊的撰寫匆促，可能難免出現一些錯誤，也希望學術先進或東南亞達人不吝指正與指教。

宋鎮照、張文德
於成功大學社會科學大樓

目錄 | **Contenes**

第 **1** 章

前言
崛起中的東南亞

　　東南亞位於亞洲的東南部，包括大陸東南亞「中南半島」和海洋東南亞馬來「群島」兩大部分。北與中國為鄰，西接印度半島，處於太平洋和印度洋之間的交通十字路口，具有咽喉戰略地位。北與亞洲大陸相連，由中國西藏與雲南縱谷南延，地勢漸低和地塊變小，地形地勢由「半島」轉變成「群島」，多達兩萬多個島嶼，讓東南亞成為亞洲島嶼數目最多，也是散布面積最廣的島嶼區。

　　其中的麻六甲海峽是半島與海洋東南亞之間重要的戰略咽喉介面，地處馬來半島和蘇門答臘島之間，全長約 900 公里，最窄處僅有 37 公里，可通行載重 25 萬噸的巨輪，太平洋西岸國家與南亞、西亞、非洲東岸、歐洲等沿海國家之間的航線多經過這裡，是商業貿易航行的經濟命脈。難怪對中國有將近七成海上貿易航運需經此，而有所謂的「麻六甲困境」隱憂。麻六甲海峽沿岸的國家有泰國、印尼、新加坡和馬來西亞，其中新加坡位於麻六甲海峽的最窄處，交通位置尤其重要。（參閱圖 1.1）

　　其實東南亞區域裡總共有十一個國家，包括有泰國、菲律賓、緬甸、越南、馬來西亞、新加坡、柬埔寨、寮國、汶萊、越南和東帝汶。其中東帝汶獨立於 2002 年，至今尚未成為東南亞國家協會（ASEAN，簡稱東協）成員，所以東南亞區域國家的「東協化」（ASEANization）發展，主要還是以十國為主。因此，在本書裡將不包括土地面積約臺灣一半，其人口只有 110 萬人和國內生產總值（GDP）約 21 億美元的東帝汶，也算是符合當前大家對於東南亞有十個國家的認知與現象。

　　東南亞十國土地面積約將近有 450 萬平方公里，人口約有 6.5 億，東南亞國家面積最大的是印尼，約有 190 萬平方公里，其次是 67.6 萬平方公里的緬甸，51.3 萬平方公里的泰國，則排列第三（也將近是臺灣的 14 倍大）。人口最多的是印尼，約有 2.52 億人，菲律賓次之，已經超過 1 億人口，第三名是越南，人口有 9,000 多萬人，而泰國位居第四，約達 7,000 萬人，而緬甸位居第五，約 5,000 多萬人。人口最少的國家是汶萊，人口約 42 萬人。東南亞是世界上人口密度較高的區域之一，其人口高於歐盟的 5 億多人口。

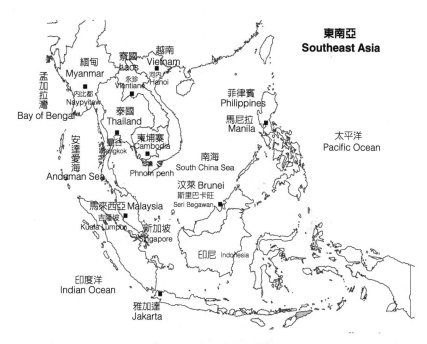

圖 1.1　東南亞國家地圖

資料來源：臺泰交流協會彭淑菱祕書製作。

　　就東南亞地理疆域來看，可以分成兩大部分，一是大陸東南亞，二是海洋東南亞，大陸東南亞主要位於「中南半島」，也就是「印支半島」，主要包括有泰國、越南、緬甸、柬埔寨、寮國。海洋東南亞主要包括印尼、菲律賓與汶萊。而介於大陸和海洋兩者之間的主要是馬來西亞（包括東馬與西馬）和新加坡。

　　就經濟體來看，目前東南亞最大的經濟體是印尼，其 GDP 已經超過 1 兆美元，其次是泰國約 4,600 億美元，再來便是菲律賓、馬來西亞和新加坡都差不多約在 3,000 多億美元。越南經濟約有 2,200 億美元，緬甸經濟不超過 700 億美元。經濟體最小是柬埔寨、寮國和汶萊，都差不多在 120~230 億美元之間。

　　東南亞經濟體（GDP）在 2017 年時合計約有 2.72 兆美元，跟英國和法國經濟規模相當，而東南亞區域的平均人均 GDP 約 4,214 美元。隨著經濟高度的成長，更讓東南亞區域的消費需求市場擴大很快。一般預測，東南亞經濟能量到 2030 年時可以達 6 兆美元，屆時將有可能位居世界經濟前五名。

　　但東南亞地區人均所得最高的國家是新加坡，高達 6 萬美元，汶萊的人均高達 3 萬美元，馬來西亞人均所得約近萬美元，泰國也差不多 6、7 千美元，菲律賓與印尼約在 3 千多美元，越南和寮國人均所得約在 2 千美元，柬埔寨與緬甸約在 1 千多美元。足見東南亞經濟發展的差異性很大，但是在經濟成長率上的表現卻是相當顯眼，除泰國與新加坡外，其他國家的經濟成長率多年來都是在 6~7%，受到國際肯定。

東南亞曾被稱爲是「亞洲巴爾幹」的地區，南海也被視爲是東亞的「波斯灣」，便可以看出東南亞地區在地理位置上的複雜性，具有區域戰略的關鍵地位。由於位於太平洋與印度洋之間，向來是列強與霸權爭奪航線與資源的地區，特別是在冷戰時期，成爲資本主義與社會主義兩個陣營競逐之地。在冷戰下的東南亞更是充滿著威權、民主、社會、共產、王權、軍事、宗教、族群等衝突政治，如何逐漸邁向東協發展之路，以及透過集體行動方式，追求東協在亞太區域的政經地位。於是在 1967 年成立了東協（ASEAN）組織，主要任務有三：一則防止區域內共產主義勢力擴張；二則主張以對話方式推動區域內的政治、經濟與社會合作；三則以區域安全共同體方式維護區域內社會與政治穩定。

東協於 1971 年發表宣言，揭示東南亞係一和平、自由與中立區域，維持不結盟立場。冷戰結束促使東協思考追求區域安全之新原則與方法，於 1993 年設立「東協區域論壇」（ASEAN Regional Forum, ARF），試圖以軍事合作及軍事透明化、軍事交流及建立一個防止衝突發生的預防機制。東協內部更強調「共識決」（consensus-based decision-making）及「不干預內政政策」（policy of non-interference），也就是所謂的「東協方式」（ASEAN Way）。

東協憲章（ASEAN Charter）的制定，也爲東協發展一體化或東協共同體（ASEAN Community）邁出一大步。爲進一步深化東協整合，2005 年第 11 屆東協峰會決議推動制定憲章。2007 年第 13 屆東協峰會通過憲章草案，交由各成員國批准，2008 年 12 月 15 日東協

憲章正式生效，東協從此具有國際法人地位。東協在憲章生效後，仿效歐盟模式，建立東協共同體，主要有三大支柱：「政治安全共同體」、「經濟共同體」及「社會文化共同體」，盼在 2015 年完成整合。

其中東協以推動從「東協自由貿易區」（ASEAN FTA）進入「東協經濟共同體」（AEC）、甚至積極推動「東協加一」、「東協加三」、「東協加六」、東亞高峰會（東協加八）、亞歐高峰會，皆讓區域大國不敢睥睨東協的相對弱勢實力，也同時讓大國爭先拉攏東協，來提高自己在區域上的影響力。透過「東協共識」（ASEAN Consensus）與「東協方式」（ASEAN Way），走出獨特主導東亞經濟整合發展的模式。在此基礎上，東協正逐漸成為一個充滿活力的經濟體，更型塑出東協經濟崛起的態勢。

就東協國家各國政治體制與文化來看，也相當的多元與不一。從民主國家到威權、從宗教政治到王室政權、從共產主義到資本主義、不一而足。例如實行君主立憲制的泰國、馬來西亞、柬埔寨、和汶萊，共產政權一黨專制領導的越南和寮國，民主選舉的總統制有菲律賓、印尼和當前的緬甸，實行內閣總理體制的國家有泰國、柬埔寨、馬來西亞和新加坡，以及軍人干政比較嚴重的國家有泰國、緬甸。整體來看，在政治文化上，東南亞國家深受宗教（佛教、回教、天主教）、族群、王室、軍隊、和政黨交織的多元政治元素的運作。

此外，東南亞具有政治與社會文化多元性的特徵，東南亞主要受到三大宗教信仰的影響，首先是佛教信仰，以泰國、緬甸、寮國、柬埔寨，可以視為是佛教經濟圈。其次是回教（伊斯蘭教）信仰，主要

分布在印尼、馬來西亞、汶萊，和菲律賓南部，也就是回教經濟圈。第三是天主教信仰，主要在菲律賓，同時也散布在越南、緬甸，和泰國等。

　　東協這個新興經濟體，擁有世界近十分之一的人口，其中三分之二的人口平均年齡在 35 歲以下，具有人口紅利。2014 年，日本對東協貿易額已達 2,204 億美元，計畫在 2020 可以超過 3,000 億美元；而印度與東協貿易預估到 2022 年可達 2,000 億美元；在 2018 年，中國與東協的雙邊貿易額預將達 6,000 億美元，2020 年目標要達到 1 兆美元；甚至 2018 年南韓與東協的貿易也達 1,400 億美元左右，希望在 2020 年突破 2,000 億美元；而 2018 年臺灣與東協的雙邊貿易約達 800 多億美元，如何突破 1,000 億美元，也將是臺灣應該努力的近程目標。

　　進一步具體而言，印尼在 2017 年的 GDP 突破了 1 兆美元大關，高達 10,109 億美元，位居東南亞地區第一位。但印尼有著 2.6 億的人口，人均 GDP 只有 3,859 美元，低於東南亞地區的人均 GDP 平均值。

　　泰國於 2017 年的 GDP 也高達 4,378 億美元，位居東南亞地區第二位。泰國的人均所得約 6,336 美元，高於東南亞地區人均 GDP 平均值 4,000 多美元，在東南亞地區人均處於中上水平。泰國首都曼谷，是全球著名的旅遊城市之一。

　　菲律賓於 2017 年的 GDP 也達 3,212 億美元，位居東南亞地區第三大經濟體。菲律賓的人口約 1.06 億，在東南亞各國中人口數僅次於印尼，人均 GDP 為 3,022 美元，仍低於東南亞地區人均 GDP 的平

均水平。

馬來西亞在 2017 年的 GDP 約達 3,099 億美元，位居東南亞地區的第四位。馬來西亞人均 GDP 已達 9,660 美元，在東南亞地區居第三位，僅次於新加坡與汶萊。如果只算 1,000 萬人口以上的國家，馬來西亞的人均 GDP 將位居第一位。馬來西亞首都吉隆坡，是一座東方色彩與西方文明相結合的國際化都市，很具有觀光潛力。

整個東南亞地區，人均 GDP 最高的國家是新加坡。新加坡在 2017 年的 GDP 約為 3,058 億美元，人均 GDP 高達 53,880 美元，在整個東南亞各國中遙遙領先。而汶萊 2017 年 GDP 約有 120 億美元，人口在東南亞各國中最少，只有 42 萬人。人均 GDP 約達 27,893 美元，位居東南亞地區的第二位。

東南亞雖只占全球陸地面積 1%，惟因天然氣候適宜，自然資源豐富，又居重要貿易孔道，一直都是西方爭相殖民地區。從殖民到獨立，東協十國印尼、泰國、馬來西亞、新加坡、菲律賓、汶萊、寮國、越南、柬埔寨、緬甸，儘管國家規模不一，但各國隨著人文、歷史、宗教、人口成長、GDP 不同，而成就不同政治經濟，東協（ASEAN）於 1967 年成立宣言中明示，該組織之宗旨為經由共同努力，本著平等夥伴精神，加速區域內之經濟成長，社會進步，與文化發展，俾加強東南亞國家繁榮與和平之基礎。

2015 年底啟動了東南亞經濟共同體（AEC）的發展，試圖將東南亞十國經濟一體化，變成單一市場，成為全球最大的自由貿易區，勢必為東協帶來巨大商機。目前東協經濟體規模達 2.7 兆美元，人

口將近 6.5 億，爲亞洲第三大，目前也是全球第七大經濟體。希望在 2025 年前達到貨品、服務、投資、資金與技術勞工的五大自由流通，進而促使東協經濟共同體（AEC）成爲一個全球供應鏈的生產基地爲目標。

根據彭博社的說法，轉型是東南亞國家崛起，將成爲地區成長「第三支柱」，相對於第一和第二支柱的中國和印度。到 2030 年，在東南亞人口裡將逾一半是具高消費的新興中產階級。隨著東協經濟共同體的推動，在資金、服務、勞動、貨物、物流、人流和技術的快速成長下，勢必讓東協經濟倍增。尤其在當前中美面臨嚴重的貿易戰下，未來五至十年，東南亞將可能接替中國大陸，成爲新的世界工廠，甚至是一個很大的世界消費市場。

基於此，按照匯豐銀行的估算報告，印尼、菲律賓、泰國、新加坡、越南和馬來西亞六國，預期 2030 年基礎建設仍需投資 2.1 兆美元。一般認爲在中低所得的國家裡，會花在基礎建設的支出大約占 GDP 的 5%。這將吸引中國「一帶一路倡議」的重視，印度的「東向」（Act East）發展戰略政策的目光，以及日本再度南進政策的投資發展，加上南韓也積極推動「新南方政策」，快速前進東南亞布局。甚至美國在最近推動的「印太戰略」（Indo-Pacific Strategy），從區域安全轉爲重視區域經濟整合的策略下，將更加重視東南亞經濟投資和發展利基。

最後，本書的章節安排結構，主要針對東南亞十國，各國加以廣泛與深入介紹。首先是前言一章，接著是十國的介紹，最後是一個簡

單的結論。在前言部分，強調崛起中的東南亞，然後針對各別十國的介紹，如「泰國：建立東南亞的矽谷」、「馬來西亞：東南亞陸地與海洋的橋梁」、「新加坡：全球城市國家」、「越南：東南亞新小虎」、「菲律賓：委外服務業新商機」、「柬埔寨：經濟自由化之亞洲新虎」、「緬甸：從殖民與隔絕中甦醒的萬塔之國」、「汶萊：東南亞的杜拜」、「印尼：人口紅利與不方便經濟」、「寮國：中南半島上的蓄電池」，最後便是「結論：發掘東南亞潛力與商機」。希望透過此結構的探討，來窺視東南亞的面貌與商機。

同時，在每一章的內容結構設計，主要分五部分組成：一是該國的地理與歷史背景，主要包括簡史、魅力、特徵；二是該國政治體制，包括政體、政府結構、王室、政治文化、軍人干政、民主選舉、政黨、外交地位、政治開放程度、地緣政治風險、政治改革、官僚體制、大國關係、當前領導人特質。

三是該國社會文化，包括禮儀規範、宗教信仰、族群關係、文化價值、治安風險、社會和諧、網路使用、中產階級、旅遊觀光資源、飲食特色、穿著服飾、婚姻禮俗、教育發展、購物商場、英文或華文友善環境、流行文化等。

四是該國經濟發展，包括經濟政策、市場開放程度、工業區、幣值匯率、經濟重要指標如成長率、通膨率、人均所得、勞工薪資、消費潛力、人口結構與人口紅利、投資市場、產業結構、區域經濟、基礎建設、物流、貿易結構等的介紹。

　　五是該國不動產市場發展與潛力，主要介紹關於該國的房地產狀況、土地使用、不動產市場狀況與成長、建築開放、投資風險、投資報酬率、辦公室租金等。

　　最後是對該國報告的小結語，簡單地梳理各國發展狀況的重要特徵與機會。

第 **2** 章

泰國
建立東南亞的矽谷

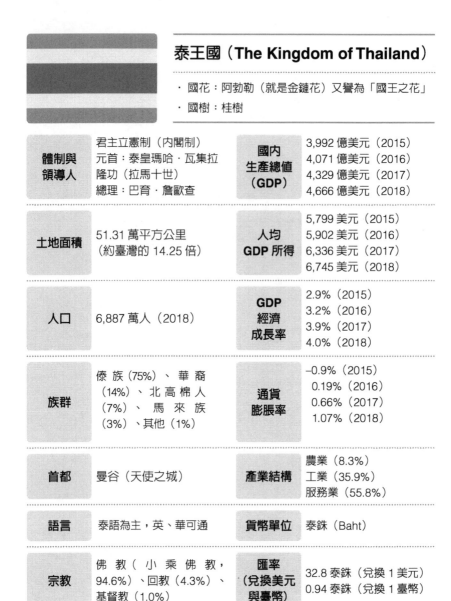

泰王國（The Kingdom of Thailand）

· 國花：阿勃勒（就是金鏈花）又譽為「國王之花」
· 國樹：桂樹

體制與領導人	君主立憲制（內閣制） 元首：泰皇瑪哈·瓦集拉隆功（拉馬十世） 總理：巴育·詹歐查	**國內生產總值（GDP）**	3,992 億美元（2015） 4,071 億美元（2016） 4,329 億美元（2017） 4,666 億美元（2018）
土地面積	51.31 萬平方公里 （約臺灣的 14.25 倍）	**人均GDP 所得**	5,799 美元（2015） 5,902 美元（2016） 6,336 美元（2017） 6,745 美元（2018）
人口	6,887 萬人（2018）	**GDP 經濟成長率**	2.9%（2015） 3.2%（2016） 3.9%（2017） 4.0%（2018）
族群	傣族（75%）、華裔（14%）、北高棉人（7%）、馬來族（3%）、其他（1%）	**通貨膨脹率**	−0.9%（2015） 0.19%（2016） 0.66%（2017） 1.07%（2018）
首都	曼谷（天使之城）	**產業結構**	農業（8.3%） 工業（35.9%） 服務業（55.8%）
語言	泰語為主，英、華可通	**貨幣單位**	泰銖（Baht）
宗教	佛教（小乘佛教，94.6%）、回教（4.3%）、基督教（1.0%）	**匯率（兌換美元與臺幣）**	32.8 泰銖（兌換 1 美元） 0.94 泰銖（兌換 1 臺幣）

資料來源：泰國銀行、IMF、World Fact Book、CEIC Data。

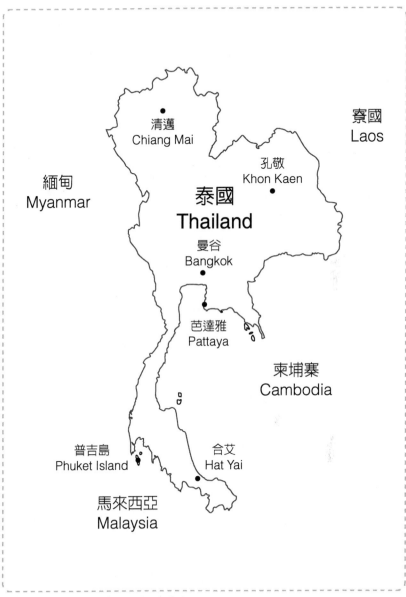

資料來源：臺泰交流協會彭淑薆祕書製作。

2.1 泰國地理與歷史背景

泰國位於中南半島（或稱印支半島）的中心地帶，東南接連柬埔寨，南接馬來西亞，西鄰緬甸，東北與北部與寮國接壤，南臨暹羅灣，西南面印度洋，地處戰略要衝。泰國面積達 51.31 萬平方公里，面積略小於法國，約是臺灣的 14.25 倍大。

而位在曼谷的昭披耶河（湄南河）貫穿了整個整個城市，百年以來運輸、貿易、商業往來相當頻繁，水道支流在城市裡交錯蔓延，故有「東方威尼斯」的美稱。同時，由於泰國人民總是面帶笑容，因此又有「微笑之國」之稱，它是一個溫和友善的國度。

泰國古稱「暹羅」，1945 年復稱為「暹羅王國」，於 1949 年正式更名為「泰王國」（Kingdom of Thailand），被稱為泰國，其意是「自由之地」。泰國也是東南亞唯一未被歐亞列強殖民的國家，讓泰國成為僅存的獨立國家，也保存了泰國傳統的文化與建築特色。

泰國早期發展歷史與中國關係密切且悠遠，曾為中國藩屬國。相傳蜀漢丞相諸葛亮率兵南征，七擒七縱的孟獲，便是泰族領袖。

在 13 世紀以前，暹羅曾受到中國和印度兩大文化的影響，境內流行北傳大乘佛教和南傳上座部佛教（或稱小乘佛教）。泰國佛教屬於小乘佛教，將近有 95% 的泰國人信奉，但泰國佛教也融入祖先崇拜的民間信仰。泰國的佛教建築與鄰近的東南亞國家，如柬埔寨、寮國和緬甸，相當類似。

泰國國旗以「白、紅、藍」三色組成，白色代表宗教，意指佛教，

紅色代表國內各個不同民族，藍色則代表國王。泰國國旗傳達了泰國在皇室、宗教和民族三角的核心政治文化。在此三角政治基礎上，泰國政府的政治運作，深受到政黨、官僚、軍人和社會階級的影響。

泰國國歌的歌詞也很悲壯，但旋律卻很優美。其歌詞是：「全泰之民，血肉相連。泰之寸土，全民必衛。歷來無異，同德同心，弗怠弗懈，平和安寧，國人所愛。倘有戰事，我等無懼。獨立主權，誓死捍衛，為國作戰，淌盡鮮血，在所不惜。以驕傲和勝利，獻給我們的祖國，（泰王國）萬歲！」

在泰國每天固定早上 8 點和傍晚 6 點時間，都會播送國歌，包括車站、公園、市集、學校等角落，每天準時播放，從不例外。除了行駛中的車輛以外，泰國人不管在哪，都會放下手邊的工作，立刻立正站好，等國歌唱完才會繼續工作，足見泰國人民對其國家是相當敬愛、忠誠的。

泰國位於亞熱帶地區，其氣候終年常熱，氣溫在攝氏 20~39 度之間，一年主要分成三季，即夏季、雨季和涼季，通常 3~5 月為夏季，6~10 月為雨季，11~ 翌年 2 月為涼季。由於乾季和雨季分明，所以非常適合耕種農作物。

泰國歷史約七百多年，主要分為四個重要王朝：首先是黃金時期的「素可泰」（Sukhothai）王朝，「素可泰」的泰文意涵是「幸福的黎明」，素可泰在 1283 年前只是柬埔寨吳哥王朝轄下的一個區域而已。素可泰王朝大約在 1283~1350 年間，此王朝可惜只維持 67 年。然而在其迅速擴展領土，以及發展昭披耶河（湄南河）流

域，也奠定日後曼谷成為當今泰國發展的重要地帶。第三任的藍甘杏（Ramkhamhaeng）大帝開始創立泰國文字，取代了當時的高棉文（Khmer），開創了泰國歷史的新紀元。

第二是「大城」（Ayuttaya，阿瑜陀耶）王朝，阿瑜陀耶在泰文裡是「不可摧毀的城市」，該王朝約在 1351~1767 年間，王朝維持了 417 年，經歷 33 位君主。

第三是「吞武里」（Thonburi）王朝，約 1768~1782 年間，只維持 15 年時間，由華裔將領鄭信（Taksin，又稱塔克辛大帝）領軍擊退緬軍，建都在曼谷湄南河左岸的吞武里。

第四是「曼谷」（Bangkok）王朝或稱「拉馬」（Rama）王朝，建都於曼谷，泰國人多以 Krung Thep 來稱曼谷，也就是「天使之城」之意。直到 1939 年拉瑪八世，將「暹羅」改名為「泰國」，意為「自由之地」。曼谷王朝從 1782 至今（2019），已經達 237 年，而目前在位的君王是拉馬十世（瑪哈・瓦集拉隆功，Maha Vajiralongkorn）。

2.2 泰國政治體制

泰國可以被視為是一個政教合一的國家，佛教在泰國政治文化上，占有絕對重要的地位。憲法上雖未規定佛教是泰國國教，但國王一定是要佛教徒。憲法上雖然保障人民有信仰宗教的自由，但是憲法也規定：「國王須為佛教徒，且為佛教之最高護衛者。」

　　泰國全國共有 76 個一級行政區，包括有 75 個「府」（จังหวัด，changwat）與直轄市的首都（曼谷）。這 76 個行政區一般被劃分爲五個主要地區，包括北部、東北部、東部、中部與南部地區，每個府都是以其首府（เมือง，Mueang）作爲該府的命名。在府下面的次級行政區之劃分，稱爲「縣或郡」（อำเภอ，Amphoe）與「次區」（กิ่งอำเภอ，King Amphoe）。根據 2000 年的統計，泰國全國共有 795 個縣與 81 個次區。

　　泰國是一個「君主立憲」國家，實施內閣制，算是民主國家，但是泰國政變頻傳，加上軍人掌政迭起，讓泰國陷入「半民主」的發展困境。泰國自 1932 年行憲迄今（2019），87 年間舉行了 25 次大選，卻也發生了 25 次政變（其中 21 次爲軍事政變），難怪泰國著名社會運動領袖素樂（Sulak Sivaraksa）比喻：「在泰國，一場失敗的政變等於一場期中選舉；一場成功的政變則等於一場國會大選。」便可以看出泰國政變的政治本質。

　　泰國從 1932~2018 年期間，在將近 86 年間共制定了 20 部憲法，每一部憲法平均壽命約 4.3 年，是全世界消耗憲法最快的國家，憲法就像是消費品一般，隨時可以丟棄和創造出新的憲法，讓憲法的崇高性受到質疑，也讓泰國憲法淪爲「拋棄式」使用的商品一般，不太值錢與受尊重。

　　第一次的政變發生於 1932 年 6 月 24 日，拉瑪七世（King Prajadhipok）在一場未流血政變中失勢。從此泰國建立了君主立憲制。在 1947 年 11 月 8 日，軍方領袖鑾披汶（Luang Phibun Songkram）經

政變掌權，泰國自此進入軍方統治，直到 1973 年。在 1973 年 10 月 14 日，以學生為首約 40 萬名抗議群眾，推翻軍方統治者。在 1976 年 10 月 6 日，血腥鎮壓學生抗議，軍方重拾政權。在 1991 年 2 月，順通將軍（Sunthorn Kongsompong）發動政變，推翻文人政府，設立所謂的「國家安全保護團」（National Peace Keeping Council）軍事執政團治理國家。在 1992 年 5 月，軍事執政團成員蘇青達（Suchinda Kraprayoon）未經選舉就任總理，曼谷親民主的數十萬抗議民眾上街，要求重返文人統治，數十人遇害。泰王召喚軍事執政團將軍和支持民主領袖，泰王告誡和要求他們和解。鎮壓屠殺停止，蘇青達同意下臺。

1997 年 10 月 11 日，泰王簽署《人民憲法》法案，泰國政治改革和民主得以大幅進展。2001 年 1 月 6 日，電信大亨塔信（Thaksin Shinawatra）贏得選舉，成為泰國總理。2006 年 9 月 19 日，泰國軍方發動不流血政變推翻塔信政權，實施戒嚴，塔信至今流亡海外。2011 年 7 月，塔信盟友勝選，國會推選塔信的小妹盈拉（Yingluck Shinawatra）出任泰國首位女總理。但 2014 年 5 月 7 日，憲法法庭解除盈拉及多位部長職務。

2014 年 5 月 20 日，巴育領導的軍方立即宣布戒嚴。2014 年 5 月 22 日，軍方政變掌權，解除民選盈拉政府職務，全國實施宵禁，並下令所有電臺和電視臺暫停平日節目。巴育將軍代理總理之職將近五年時間，幾乎是一個完整總理的一屆任期。期間巴育總理一再推延選舉時間，讓選舉時程一再延宕。目前泰國大選確定在 2019 年 3 月底舉行，將是在軍人掌政五年來的首次選舉，是否仍會出現紅黃衫軍陣

營對抗的局面，還是進入到新的政黨選舉競爭時代，值得關注。

　　自 2000 年以來，泰國發生兩次政變。第一次是 2006 年 9 月 19 日，當時擔任總理的塔信遭推翻、流亡海外。第二次是 2014 年 5 月 20 日，當時擔任陸軍總司令的巴育將軍發動政變，推翻盈拉領導的政府，但盈拉在軍事政變之前，已經被憲法法院發動的「司法政變」拉下臺。

　　2014 年軍人政變將盈拉政府趕下臺，並廢除舊憲法，在 2016 年 8 月 7 日，泰國軍政府舉行憲法公投。選擇支持新憲法者 61.4%，不支持者只占 38.6%，通過了泰國歷史上第 20 部憲法。

　　新憲法公投通過，有三個重要意涵：一則意味著泰國將以新憲法取代 2014 年 5 月政變之後宣布實施的臨時憲法；二則意味著泰國百姓厭倦長達十年的黃衫軍與紅衫軍的政治鬥爭，造成政治不穩定；三則這部新憲法授予了軍方干政的合法性，讓軍方權力空前強化，使得泰國「民主」存在著隱性軍政府的影子。

　　泰國國會實行兩院制，即參議院和眾議院。按新憲法草案，參議院原有的 200 個議席將增至 250 席，參議員的產生從原來由選民選舉和獨立機構指派方式，卻轉變為完全由軍方指派，其中 6 個主要席位由武裝部隊最高司令、海陸空三軍司令、國家警察總監及國防部次長自動擔任。這給軍人參政合法性，也使參議院成為軍方在國會的「代理機構」，讓將領們扮演「保姆」的角色。

　　泰國眾議院設有 500 個席位，全由選舉產生。依泰國 2017 年生效的憲法規定，由 18 歲以上的公民在全國 350 個選區選出 350 名眾

議員，另 150 名眾議員則依政黨得票比例分配。

　　泰國是個多黨政治的國家，當前的政治格局出現黃衫軍和紅衫軍陣營的對抗，成為另一種的顏色政治。黃衫軍陣營主要以民主黨（主要來自南部選民支持）、曼谷地區中產階級、皇室和軍方勢力的默契聯盟，相對於紅衫軍是由前總理塔信、盈拉所領導的陣營，領導的主要政黨從先前的「泰愛泰黨」（Thai Rak Thai Party）、轉變成「為泰黨」（Puea Thai Party）、以及現在的「泰衛國黨」（Thai Raksa Chart Party），主要支持者來自北部和東北部偏遠地區的廣大鄉下農民。

　　2019 年 3 月底將進行泰國國會大選，當紅衫陣營的愛泰國黨推舉當前拉馬十世泰皇的大姊，先皇蒲美蓬九世王的長女烏汶叻（Ubolratana Mahidol）大公主，來擔任總理的人選，為泰國政治拋出一枚震撼彈。儘管泰皇十世很快便公開否決大公主參政的正當性，回歸皇室不參政的承諾。不管如何，泰國政黨對於 2019 年 3 月 24 日睽違五年的國會大選，可以嗅出已進入到摩拳擦掌的競選階段。

2.3 泰國社會文化

　　泰國人口在 2018 年有 6,887 萬人，位居世界第 20 位，人口成長率約 0.38%。其中男性占有 49.1%，女性占有 50.9%，是個女多於男的社會。泰國共有 30 多個民族，泰族為主要民族，占人口總數的 75%（其中包括佬族或稱老撾族，約占總人口的 35%）、華族占 14%、馬來族占 3.0%，其餘是高棉族、苗族、瑤族、桂族、汶族、

克倫族、撣族、塞芒族、沙蓋族、孟族等民族。

泰國人口的中位數年齡是 37.8 歲（2015），就人口結構上來看，0~14 歲之間的人口約占總人口的 17.6%，15~64 歲之間的比例約 72.8%，65 歲以上占有總人口的 9.5%，可見泰國社會也邁向人口老化的發展。

泰國的識字率約 94%，推行九年義務教育，12 年免費入學（含幼稚園的 3 年）。每年申請就讀國中、高中及專科以上的學生人數，分別約爲 66 萬人、42 萬人以及 19 萬人。

泰國採用的紀事年，既不是現今大部分國家所採用的基督紀年（即西曆），也不是像日本等國採用君主登基的年號，而是採用佛教釋迦牟尼佛涅槃之年（西元前 543 年）爲始的佛教紀年，即佛曆（佛曆年＝西曆年 +543）。因此，2019 年便是佛陀涅槃的 2562 年。

泰國禁忌多，泰國人認爲頭是身體最重要的部分，不能摸別人的頭頂，尤其是小孩子的頭更不能隨意觸碰。在宗教上，泰國人相信頭頂是一個人的靈魂所在，因此非常忌諱被摸頭，認爲這樣會招來厄運或是靈魂被帶走。

泰國的僧侶在國內享有很高的社會地位，人民對佛教僧侶很敬重，僧侶每日衣食都由信徒供養。國王和百姓一樣，見了出家人要致禮，僧侶可以不必回禮。在泰國一般人晉觀國王須以跪姿稟報，恭敬肅立，而僧侶則可與國王並座。僧侶用餐時單獨供養，國王和俗人均不得同桌用餐。

在捷運上碰到僧侶時，必須讓座，在博愛座上的圖示裡，除了有

老弱婦孺之外，還有僧侶的圖案，相當特別。

此外，女性也是不可以靠近僧侶的，且女性觸摸到僧侶身體被視為是大忌。僧侶在布施化緣時，可以直接從男性信徒手中接過供奉物品，但碰到女性信徒時，僧侶會隔著布料來接供品。

泰國普遍有給小費的文化，包含用餐、按摩或是住宿飯店等都須給小費，通常給的小費是 20~100 泰銖不等，或是消費金額的十分之一，但無論給多少都必須謹記「不能給銅板」的禁忌。因為泰國人認為給銅板是給乞丐的，會被視為一種非常不尊重的行為。

泰國社會民眾的生活和文化習俗，皆以佛教的寺廟和僧侶為活動核心，從出生到死亡，泰國人民深信著因果輪迴，其間如信眾的生日、婚禮、考試、祈福、改運、出家、事業、生意、感恩等，都會跟寺廟、僧侶、佛教相關聯。

泰國寺廟也擔負起社區的服務與福利，泰國除了寺廟僧人，還有很多信眾組建的慈善組織，除了平時的布施，寺廟和慈善組織都會幫助窮苦信徒，以及教育貧窮無依的小孩，就算是沒有身分的陌生人，在泰國過世，寺廟僧侶也會負責其後事。所以佛教僧侶與寺廟活動，都是很「入世」的修行與社會接觸。

泰國料理也是舉世聞名，口味上的講究為「酸、辣、鹹、甜、苦」五味相互平衡，但是通常以辣、酸、鹹為主，所以飲食文化的層面與我們不盡相同，在東南亞地區由於天氣相當炎熱，當地盛產相當多樣性的特殊辛香料，泰國將其廣泛運用於菜餚上。當泰國人在做菜時，最常添加的調味料，如魚露、蝦醬、辣椒、咖哩、椰奶、椰糖、檸檬

等等；再以辛香料加強食物口味，如香茅、薄荷葉、南薑、辣椒、九層塔等等新鮮香料入菜，巧妙的搭配呈現出泰國菜獨特的酸、辣、鹹、甜、苦多層次口味來增加食慾。

在不同地區如東北部、北部、中部、南部，其飲食口味及偏好便有差異。涼拌青木瓜絲、咖哩螃蟹、粿條、芒果糯米冰淇淋、野味炸蟲、泰式奶茶、打拋豬肉、薄餅捲糖絲、泰式紅（綠）咖哩、泰式海鮮酸辣湯、雞飯、酸肉等等名菜，讓全世界的饕客驚豔回味不已，因而成爲世界飲食主流之一。

泰國政府推動文創產業發展相當積極，配合泰國多元與文化元素，更讓泰國文化創意產業推向國際市場。泰國在 1997 年遭受金融風暴之後，爲儘速進行經濟復甦，泰國政府希望藉由強調軟實力的文化創意產業，有效帶領泰國經濟走出危機。

在政府帶領下發展文化創意產業，主要分爲四大類：一是文化遺產（Cultural Heritage），包括手工藝、歷史與文化觀光。二是藝術（Arts），包括表演藝術。三是媒體（Media），包括電影、出版、廣播與音樂。四是創意（Functional Creation），包括設計、時尚、建築、廣告與軟體。

目前泰國在國際上的獨創品牌還眞不少，從服飾、鞋子、配件、彩妝等量身打造創意商品，都出自於泰國製造（Made in Thailand），耳熟能詳的品質便包括有 NaRaYa 曼谷包、WILA's Club 服飾、Kiss Me Doll 圍巾、Mistine 化妝品、BKK Original 包包、Mr. P 杯子商品、Jim Thompson 高級泰絲、GREYHOUND Café 時尚餐廳。

　　泰國文創產業在泰劇、泰國廣告、電影上都創意十足，以電影《模犯生》來說，不只在泰國火紅，在臺灣也創下 1.2 億票房，刷新了泰片《淒厲人妻》在臺灣的票房紀錄，男主角甚至還來臺辦了電影見面會，打破了泰國電影只有鬼片、人妖或愛情片的印象。

　　以往泰國電影以恐怖片、鬼片為主，如《鬼影》等，而以《拳霸》為代表的泰拳動作片在國際上也比較流行。近年來，泰國以青春為題材的電影逐漸流行，形成一股濃郁的泰國風，如《小情人》、《初戀這件小事》、《愛在暹羅》、《愛我一下·夏》、《下一站，說愛你》、《音為愛》、《想愛就愛》、《親愛的伽利略》等等知名電影。泰式恐怖片也是全世界知名，其恐怖程度可與日本恐怖片相提並論。

　　此外，在 2018 年紅遍一時家喻戶曉的電視劇《天生一對》（บุพเพสันนิวาส），全國收視率高達 17%。眾所周知，曼谷向來塞車嚴重，但每到周三、周四晚上八點半之後，百貨公司、大賣場、餐廳等，幾乎人煙稀少，因為大家都在觀賞《天生一對》電視劇。類似臺灣早期全民觀看「雲州大儒俠史豔文」布袋戲、港劇「楚留香」一般。這齣電視劇更掀起了一陣穿著泰式傳統服裝的復古旋風，更為泰國影視產業創下佳績。

　　此外，泰國政府在文化創意產業上所提出的計畫包括：「曼谷時尚城市」（Bangkok Fashion City）計畫、「泰國創意設計中心」（Thailand Creative and Design Center, TCDC）計畫、「一鄉一產品」（One Tambon One Product, OTOP）計畫（產品包括有紡織、編織、刺繡、繪畫、雕塑、陶土、香皂、家具等）、「泰國世界廚房中心」

（Center for Thailand's Kitchen of the World, CTKW）計畫與電影產業等等。

　　旅遊業是泰國主要的經濟收入來源之一，泰國有現代化城市的曼谷，南部面臨暹羅灣和印度洋，有很多天然的沙灘度假區，北部山區氣候宜人，適宜旅行。主要知名的旅遊景點：包括有曼谷、水上市場、芭達雅、普吉島、蘇梅島、華欣、清邁、清萊、素可泰、大城等。

　　泰國是亞太地區最受歡迎的度假熱點，中國的企業及個人投資者越來越有興趣到泰國投資，在該國多個旅遊勝地也掀起一股物業投資熱潮。

　　曼谷被西方人形容「來了就不想走的東方城市」，「天使之城」的曼谷很具城市魅力，又具有國際化吸引，提供應有盡有和相對便宜的頂級服務，曼谷氛圍又結合了慵懶、有禮、浪漫、鬆散、隨意、時尚、創意、多元、容忍、微笑、貼心、彈性、好客、友善、愉悅等交融特徵，加上一條充滿浪漫與生命的湄南河，打造出沿河多彩的寺廟、高級旅館與餐廳、歷史遺跡與建築、購物商圈、創意市場、佛文化、皇室機構、河岸水上人家、文物館、花市等的獨特景觀，為曼谷每年帶來 40 億美元的商機。因此，讓你永遠不會膩的曼谷，再加上標榜著全球最容易生活的城市，讓曼谷的旅遊首選考量，無疑地是建立在「物超所值」的理性，加上「異國風情」的魅力吸引。

　　在 2017 年，泰國外來遊客約有 3,500 多萬人次，其中逾 980 萬遊客來自中國，占泰國入境旅客總人數約 28%。泰國政府在 2018 年目標要達到 3,700 萬人次，希望從國內外遊客賺進觀光財 3 兆泰銖（約

940 億美元），這個金額約超過泰國整體經濟的 20%。事實上，2018年赴泰觀光旅客已達 3,740 萬人，遊客成長率達 7%，預計 2030 年赴泰旅遊人數達到 5,200 萬人。

在臺灣與泰國之間的觀光交流人數也大增，在 2018 年，臺灣赴泰國旅客增加 20%，達到約 60 萬人次，同時官方來臺人數也增加75%，主要是進行農業、醫學、工業相關領域的交流。而泰國在 2017年來臺灣觀光人數也從以往的 11 萬人，增加到 20.2 萬人次，成長高達 83%。

此外，泰國結合觀光旅遊的泰國醫療產業，正成為國際醫療的新聖地，每年吸引百萬外籍觀光客前來就醫，這帶動周邊相關產業蓬勃發展，成為泰國經濟起飛的新翅膀。

泰國有兩家龍頭醫院最聞名——曼谷國際醫院和康民國際醫院，堪稱泰國最豪華五星級國際醫院。兩家醫院十多年前便重塑經營模式，設立國際門診部，並提供數十種語言服務（如：中文、閩南話、廣東話、潮州話、日文、韓文、越南語、法語、德語、阿拉伯語等），並給外國遊客做最即時的醫療服務。對於簽證延期的服務，康民國際醫院特別設置外交部簽證櫃檯，只需填寫申請表格、備妥資料，即可輕鬆辦理，讓初次造訪醫院的旅客無後顧之憂。

醫院除了設立基本的門診中心外，也以醫學美容作為特色醫療中心，例如打肉毒桿菌、割雙眼皮、隆鼻等等，最深受到女性朋友青睞。由於頂尖醫療素質、完善設備、專業醫療團隊，吸引許多海外人士慕名前來，也是泰國政商名流指定醫院，曾經獲選為美國最具權威

媒體 Newsweek 評選爲全球十大頂尖醫院，更有「醫療麥加」的美譽。此外，還爲家屬成立專用旅館和解悶觀光行程，提供五星級的貼心服務，獲得各國病人最高等級的服務滿意度。

泰國傳統按摩也很知名，正式歸爲手工技藝，包括有按、摩、推、拿、摸、拉、揉、捏、捶、蹬等。泰式傳統按摩源於 2,500 年前的古印度西部，隨佛教傳播傳入泰國，結合了保健與治病的療法。從佛寺進入到皇室，再傳入民間。泰式傳統按摩不僅結合傳統醫學，也成爲泰國經濟支柱的觀光產業之一，更是世界的文化資產寶藏。

而現今泰國的 SPA 療程，種類也很多樣，譬如草藥球按摩、水療按摩、腳底按摩、熱石按摩、精油按摩、泰式按摩、肩頸按摩、泥漿療法。這不但是泰國經濟支柱的觀光產業，也更是追求身心靈平衡的重要文化遺產。

2.4 泰國經濟發展

泰國的國內生產毛額（GDP）在 2017 年約 4,378 億美元，排名世界第 26 位，幾年內很快就會超越臺灣。2017 年泰國的經濟成長率約 3.9%，平均國民所得約 6,336 美元，世界排名第 88 位。而通貨膨脹率只有 0.7%，物價相當平穩。泰國的外匯存底也累積達 1,940 億美元。根據世界銀行 2017 年報告，泰國 GDP 在購買力平價（PPP）計算下高達 1.1 兆美元，人均所得也高達 16,900 美元。

就泰國的經濟產值結構來看，在 2016 年第一產業的農業占有

8.35%，第二產業的工業占有 35.82%，以及第三產業的服務業占有 55.83%。而泰國產值最高的五大產業，分別是汽車業、電腦電子業、珠寶首飾業、橡膠業、塑膠化工業。

泰國人口主要為農業人口，集中在稻米產地，即泰國中部、東北部和北部。泰國在工業化過程中，大約有 31.1% 的泰國人口集中在曼谷地區，而且在持續成長中。

在貿易上，2017 年泰國貿易總額約占其 GDP 的 123.1%，出口金額是 2,364 億美元（主要是汽車和其零組件、電腦與周邊零件、積體電路、石油煉製品航天然橡膠、稻米等），進口金額是 2,227 億美元（主要有石油、黃金、電話機、汽車零件、鋼鐵製品等），享有貿易順差 137 億美元。

根據泰國商業部商業發展廳資料，2018 年全年獲准在泰國經營的外資共有 272 家，投資總值達 115 億 500 萬銖，也帶動就業成長。與 2017 年的 73 億 200 萬銖比較，攀升了 42 億 300 萬銖或成長 58%，原因是外商從事投資金額較高的產業，例如工程總承包（EPC）等。

泰國全國平均年齡在 30 歲以下，不過人口紅利逐漸流失，目前政府規定勞工每日薪資約為 325 泰銖，一個月薪資約為 300~400 美元。若是加上加班費用，月可以高達 500~600 美元。泰國近年來勞工也出現短缺，工廠必須聘僱來自柬埔寨、寮國和緬甸的外籍勞工，薪資給付也比照泰國勞工。

一般而言，泰國勞工最低工資大約 9,000 泰銖，大學畢業生就業

薪資約 15,000 泰銖，具有外語優勢者薪資可以達 18,000~20,000 泰銖，泰國名校畢業者薪資可以達 20,000 泰銖。泰國勞工薪資從 2006 年的 6,000 多泰銖，已經成長到 2017 年的 13,000 多泰銖，在十年內勞工薪資幾乎成長了一倍，也提高了其消費能力。

泰國曼谷大型購物中心與商場四處林立，真不愧是國際級的購物天堂城市。曼谷購物商場一個比一個大，更是現代化、大型化、高級化與多元化，真是吸引世界旅客來次購物，目前大型購物中心也逐漸往曼谷以外的城市興建，比如華欣、清邁、芭達雅、普吉島、孔敬、彭世洛、烏多、目大韓、宋卡等延伸。一進入曼谷市區便會被大型的購物商場吸金，比如中央世界購物商場、班納超級大購物中心（MegaBangna Shopping Mall）、白金時尚購物中心（Platinum Fashion Mall）、Future Park 購物商場、暹羅廣場（Paragon、Discovery、Central、Siam、MBK）、Chitlom 商圈（Central World, Emporium, Gaysorn Village、BIG C）、曼谷伊勢丹百貨、曼谷新天地、航站 21（Terminal 21）等等。

特別是在 2018 年 11 月新開幕的「暹羅天地」（ICONSIAM）更是壯觀，已經成為曼谷的「新地標」，斥資超過 540 億泰銖打造，總面積達 750,000 平方公尺，包含 400 公尺河岸用地，堪稱世界級豪華零售綜合商城。曼谷暹羅天地由泰國三大企業共同投資興建，包含 Siam Piwat、MQDC Magnolia Quality Development Corporation 以及 CP All 正大集團。

暹羅廣場的特色，包括有首間泰國高島屋百貨（Siam Takashimaya）

的進駐，首間泰國蘋果直營店（Apple ICONSAIM）進駐，超過 30 個國家的 100 大餐飲品牌進駐，並打造室內水上市集，以及 SookSiam 展銷泰國 77 府傳統工藝、美食名產，並有專門提供奢華品牌的 Iconluxe 區，有多達 500 間國際與泰國本土品牌進駐，同時也是結合頂級展覽中心、酒店和公寓。

值得一提的是，其中之一區的「幸福暹羅」（SookSiam）更是吸睛，占地超過 15,000 平方公尺，以小型城市作規劃設計，斥資超過 7 億泰銖，讓幸福暹羅為「暹羅天地」展現出七種幸福感特徵：「魅力、美味、興奮、創意、友誼、傳承與如意」，值得去參觀與感受。

目前臺灣來泰國投資的廠商約有 5,000 家，幾乎各個產業都有臺灣人投資。臺商臺幹與臺灣人在泰國約有 15 萬人，目前已經有成立 70 年的「泰國臺灣會館」、「泰國中華會館」、「泰國臺灣商會聯合總會」、「泰國華商經貿聯合會」等，在泰國比較大型的企業包括泰國臺達電、泰金寶、泰鼎、大同、兆豐金、長榮、美泰（Ametai）、勝泰（Sheng Tai）、亞發（Alphacast）、BDI 集團、匠威（Jumpway）。

在 2016 年，泰國軍方政府提出「泰國工業 4.0」，企圖以「創新」來驅動經濟發展的戰略模式，並優先推動「東部經濟走廊」（Eastern Economic Corridor, EEC）的建設，希望使其成為東協區域最先進的經濟發展地區。「泰國工業 4.0」的擘劃，其概念近似於德國工業 4.0 或是中國製造 2025，而東部經濟走廊是落實概念的重點建設實驗區。政府將鼓勵外來投資，在未來八年政府更將投入 3 兆多泰銖（約 3 兆臺幣）興建高鐵、高速公路、修建機場、數位產業園區開發等。

　　泰國工業 4.0 的發展有別於過去農業的 1.0、輕工業的 2.0、重工業的 3.0，現在泰國正努力走向以價值導向的「知識經濟」與「智慧產業」，來振興泰國的優勢的產業經濟。

　　在泰國工業 4.0 的規劃之下，有 5+5 的目標發展的產業，包括現有的新世代汽車、智慧電子產業、醫療服務與觀光旅遊、農業及生化科技、和新世代食品，以及五個具有發展潛能的未來新科技產業：包括自動化機械、區域醫療中心、航空及物流、生化燃料與生物化學、數位科技物聯網等。

　　這十大發展產業幾乎等於現代科技的總和，泰國正在推動高標準的產業科技化的發展。在技術上，重視生物科技、奈米科技、先進材料技術和數位技術，並在這些技術的基礎上，推動生物產業、創意與數位產業、高價值商業與服務業、先進生產產業、和基礎輔助產業。而臺灣的重要產業如面板、半導體、電子零組件、新農業、生物科技、醫療等，與泰國的重點產業（如光學、物聯網、新農業、生物化學等）可以相互輝映，因此可以將泰國推行 4.0 政策視為臺灣擴展產業腹地重要的機會。

　　東部經濟走廊的生產值幾乎可以達到整個泰國 GDP 的五分之一，足見其發展的前景與優勢，難怪東部經濟走廊被泰國視為是一種發展的巨大新希望（a great new hope）和新發展巨輪，可以為泰國打造未來二、三十年在東協區域的產業競爭優勢。

　　泰國目前推動「工業 4.0」的發展政策，提出十大重要發展產業，並以「東部經濟走廊」（EEC）為主要發展地區，並提出許多優惠給

外國公司，如優惠 15 年免交企業所得稅，來吸引外國公司投資。東部經濟走廊包括就發展戰略來說，泰國要將東部經濟走廊發展成為泰國矽谷，甚至是東協（ASEAN）地區的產業核心地區，將整個大湄公河區域（GMS）和東協成為重要的市場腹地，以及從加工品逐漸轉變為終端產品的產業科技發展。

在大型計畫方面，泰國正著手擴建烏塔保（U-Tapao）成為國際機場（現時為軍民兩用機場），把其發展為大曼谷地區第三個民用機場，以配合「一帶一路」大型項目東部經濟走廊的發展目標。同時在東部經濟走廊計畫下，泰國兩大旅遊勝地芭達雅、羅勇、華欣也建立一個高品質的旅遊天堂圈。

泰國以農立國，尤其是泰國九世王蒲美蓬（鄭固）高度關懷農民生計、改善水力設施、提升稻作收成，特別倡議「適足經濟」（ส่งเสริมภาคเศรษฐกิจ）的新農業政策，成為泰國農業發展的政策基礎。

目前全泰國農地占約 1 億 3,000 萬公頃，其中最主要的農作物是稻米，依據泰國農業部資料，2017 年稻穀的總產量高達 3,000 萬公噸，2017 年稻米出口總量達到 1,148 萬公噸，創下泰國稻米出口量的歷史最高紀錄，總價值高達 51 億 6,683 萬美元，成為僅次於印度的全球第二大稻米出口國。

泰國有大半人口從事農業，農作物包括水稻、橡膠、玉米等，享有「東南亞糧倉」的美名，是亞洲唯一的糧食淨出口國和世界上主要糧食出口國之一。當前泰國的稻米出口量在世界上位居第一位，木薯輸出也位居全球之冠，橡膠產量名列世界首位（90% 出口），玉米排

名第四，也是世界產蝦大國，魚產品出口在亞洲僅次於日本。

　　泰國有豐富的森林資源，有各種熱帶常綠喬木，主要包括榕樹、露兜樹、樟樹、金雞納樹等。季風林木主要有柚木、鐵樹、沙爾樹和芒果樹，還產各種藤及竹子。

　　泰國主要礦產資源是錫，總儲量約 150 萬噸，居世界首位。泰國錫產量的 98% 來自砂礦床，含錫率高達 65%。其他礦物有鎢、褐煤、鐵、銅、石油、天然氣、寶石、鹽、鉛、石膏、銻、錳、螢石、金和鉻等。

　　泰國為實現在 21 世紀成為東南亞汽車裝配中心的目標，自 1991 年起實行汽車業自由化，汽車工業發展迅猛。現有汽車製造廠有 18 家外國汽車製造公司進駐投資，設有汽車組裝廠有 23 個，汽車每年可以量產達 200 萬汽車，汽車和相關行業產值超過 3,000 億銖，在東南亞居首位。目前汽車產業聚落主要集中在大城府、巴通他尼府、北柳府、春武里府和羅勇府工業區，泰國素有東南亞的「底特律」之稱。

　　根據泰國汽車產業協會（The Thai Automotive Industry Association，簡稱 TAIA）資料顯示，2017 年泰國汽車總產量達 198 萬 8,823 輛，其中家用車為 81 萬 8,440 輛占比約 41%，而商用車為 117 萬 383 輛，比重為 59%。若按內外銷比來看，2017 年汽車出口量為 114 萬 596 輛，較 2016 年小幅下滑 4.3%，國外出口比重約為 56.64%，內銷則占 43.36%。

　　泰國前五大汽車出口市場依序為澳洲、印尼、馬來西亞、日本和

菲律賓，而 2017 年泰國境內新車銷售前五大品牌皆爲日系車款，市占率依序爲 Toyota （31.8%）、Isuzu（18.6%）、Honda （14.0%）、Mitsubishi （7.2%）、Nissan （5.6%）。泰國汽車產量自 2016 年起落居全球第 12 名，跌出全球前十大汽車製造國的排行榜，主要因爲歐洲汽車產能逐漸回升，但泰國汽車出口量仍名列全球前十大。

在零組件供應方面，目前共有 1 階（Tier 1）製造商約 709 家，其中日商零組件供應商名列全球前百大者，計有 29 家在泰國設廠，其他 2 階（Tier 2）、3 階（Tier 3）中小型零組件供應商則多達 1,700 餘家，產業供應鏈完整。

2.5 泰國不動產市場發展與潛力

泰國的不動產發展在穩定中成長，加上其農、工、商也均衡發展。根據「全球地產指南」（Global Property Guide）指出對泰國長期投資的評比爲四顆星。同時，指出曼谷租金的報酬率平均約 6.29%，比臺北的 1.59% 和東京的 2.89%，高出許多。目前曼谷房價，每坪價格約 30~150 萬臺幣左右，約是臺北房價的一半。

泰國於 1991 年建成第一個高端豪華公寓（Somkid Garden），當時每平方公尺單價是 45,000 銖，到了 1997 年的單價漲到 65,000 銖，相對於當時曼谷的公寓房價約 20,000~25,000 銖。在 1999 年第一條 BTS 輕軌開始營運，2004 年第一條 MRT 地鐵營運，帶給曼谷地區發展成更爲現代化大都市一股動力，人流量日均 120 萬人，帶漲了曼谷周邊的土地價格，尤其是蘇坤逸（Sukhumit）、阿索站（BTS

Asok）、拉馬 9（Rama 9）、薩吞（Sathon）等區。

　　整體來說，外國人不能購買泰國的土地，房產也只能購買公寓（Condo），不能購買透天厝或是透天樓房。2016 年，泰國法令也規定，工業區內禁止設立員工宿舍。

　　儘管如此，泰國房產業有幾個特色：1. 泰國房產的公寓可以擁有永久產權，外國人可以合法擁有永久產權的公寓。2. 泰國的房價相對便宜合理。曼谷市區新建公寓房價每平方公尺約 10~20 萬泰銖，在芭達雅市區新建的公寓每平方公尺約 8~15 萬泰銖，約是曼谷房價的一半到三分之二。3. 泰國公寓買賣都是以實際使用公寓面積來算，不包括公共建設的面積。4. 泰國的公寓或別墅，都可以帶有裝修的服務。這在臺灣要求裝修，可能還要加上房價的 10~15%。5. 泰國沒有房屋稅，購買泰國房屋只需要過戶，繳納過戶稅收便可。最後，泰國購屋手續規定，通常要在兩個月內完成。但對於新樓盤過戶，通常只需要一個星期時間便可以過戶。

　　在曼谷市區與周邊地區租用高端的公寓，平均成本每月每平方公尺約 754 泰銖。目前曼谷最重要的中央商業區（CBD）有二：一是暹羅廣場，另一是通羅區（Thonglor），被稱為曼谷的「小東京」。通羅區也成為曼谷最時尚潮流的商圈。根據 NEXUS 房地產報告，通羅區是外商最喜歡的地區，由於交通便利性、生活機能完善、兼具時尚潮流，也帶動附近的房價與資金，目前租金每月每平方公尺 1,000 泰銖起跳，是目前曼谷出租最熱門的地段。

在 1988~2018 年間，曼谷地區公寓從 1988 年的 3,112 個單位，增加到 2018 年的 697,955 個單位。而辦公樓的面積從 1988 年不到 100 萬平方公尺，提高到 2018 年的 878 萬平方公尺，幾乎增加了 8~9 倍。在將近 30 年間，儘管經歷 1997 年的金融危機，在曼谷中央商業區（CBD）的黃金地段的價格飆漲，隨著 21 世紀後的經濟高速成長，泰國 CBD 地區的房價已將漲了 10 倍，曼谷公寓價格在過去 30 年也漲了 10 倍。由於市中心可以開發的土地減少，新項目的樓盤建案減少，自然讓在市中心的新項目價格出現攀升，價格成長達 34%。

2.6 結語：泰國是東南亞的耀眼珍珠

泰國不僅是微笑王國，也是旅遊天堂，兼具有現代與傳統之美。同時，民情純樸又友善。在泰國隨處都可以看見富麗堂皇的寺廟建築，在建造上將泰式原有的風格，融合西式建築概念，五顏六色的強烈色彩對比，繪製寺廟外觀圖騰栩栩如生、精巧細琢的塑造，使每一座寺廟都是艷麗奪目、氣勢非凡，展現出小乘佛教的精緻藝術之美。

此外，泰國印象美食給人有種強烈的深刻辨識度，無論是香氣、味覺、視覺上，更能彰顯出泰式料理特色絕對是獨樹一格，就如同泰國社會文化層面這麼多種樣貌風情姿態一般。

泰國國際化的程度很高，幾乎各國美食料理都可以找到，社會也樂於接受外來文化，泰國女性嫁給外國人的比例很高，而且當地華人與泰人都能和諧相處，彼此通婚也很平常，因此從沒有排華事件的發

生。泰國社會也深具中華文化的元素，以及華人被泰國同化的程度也很高。在泰國也有多家註冊登記的華人報紙，如中華日報、京華中原聯合日報、新中原報、星暹日報、工商日報、世界日報等六家。

　　泰國社會的自由度高，儘管軍事政變頻傳，雖時有軍人掌政，但似乎沒有對泰國人在社會與經濟生活上造成影響。臺商依然喜歡泰國悠閒的生活氛圍，並享受泰國高品質的服務。在臺灣，年輕人也逐漸出現「哈泰」現象。

　　泰國也成為臺灣旅客最愛的旅遊國家之一，在 2018 年臺灣赴泰旅客突破 60 萬人次。比 2017 年成長 13%。臺灣到泰國自由行旅客逐漸超過團體旅客，旅遊地也從曼谷、清邁延伸到普吉島、清萊、羅勇、南邦、孔敬等城市觀光。

　　在東協經濟共同體（AEC）逐漸落實之際，泰國以工業 4.0 和東部經濟走廊發展策略，試圖讓泰國成為新東協的政經核心，以及東南亞區域的產業矽谷，勢必會讓泰國成為東南亞發展的耀眼明珠。

第 **3** 章

馬來西亞
東南亞陸地與海洋的橋梁

馬來西亞聯邦
（The Malaysia Federation）

・國花：朱槿花（大紅花 / 扶桑）
・國樹：棕櫚樹

體制與領導人	君主立憲制（內閣制） 元首：端姑・納茲林沙 總理：馬哈迪	國內生產總值（GDP）	2,964 億美元（2015） 2,965 億美元（2016） 3,145 億美元（2017） 3,405 億美元（2018）
土地面積	329,847 平方公里 （約臺灣的 9.17 倍）	人均GDP 所得	9,648 美元（2015） 9,508 美元（2016） 9,945 美元（2017） 10,490 美元（2018）
人口	3,181 萬人（2018）	GDP經濟成長率	4.2%（2016） 5.9%（2017） 5.3%（2018） 5.0%（2019）
族群	馬來族（54.0%）、華族（23.2%）、原住民（主要係砂拉越、沙巴）（11.8%）、印度族（7.5%）、其他（1.3%）	通貨膨脹率	2.1%（2015） 2.1%（2016） 3.8%（2017） 1.0%（2018）
首都	吉隆坡（原意是爛泥河口）	產業結構	農業（11.1%） 工業（35.6%） 服務業（53.5%）
語言	馬來語為官方語言，英文、華文可通	貨幣單位	令吉（Ringgit, RM）
宗教	伊斯蘭教（61.3%）、佛教（19.8%）、基督教（9.2%）、印度教（6.3%）、中國傳統宗教（1.3%）、其他（0.4%）	匯率（兌換美元與臺幣）	32.8 令吉（兌換 1 美元） 0.142 令吉（兌換 1 臺幣）

資料來源：貿協全球資訊網、台商網—馬來西亞、World Bank、IMF、馬來西亞觀光局、馬來西亞統計局。

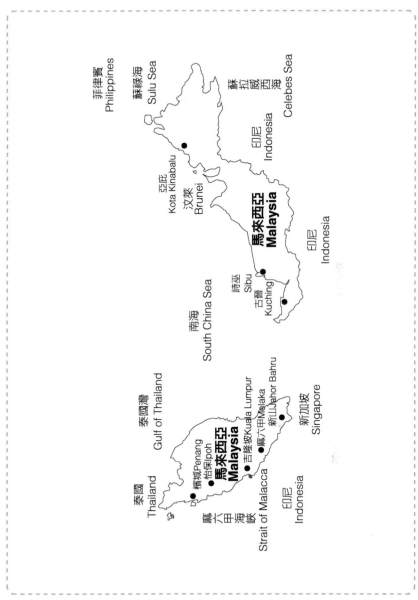

資料來源：臺泰交流協會彭淑菱祕書製作。

3.1 馬來西亞地理與歷史背景

馬來西亞（簡稱大馬）是東南亞的半島國家，屬於熱帶雨林氣候，全國面積約達 33 萬平方公里，馬來西亞疆域由兩大部分所組成，分別位於馬來半島的馬來亞（西馬）和婆羅洲的北部（東馬）。

西馬大部分的沿海地區都是平原，中部則是布滿茂密熱帶雨林的高原，地勢是南低北高。東馬婆羅洲，具有長達 2,607 公里的海岸線，區分為海岸區域、沖積平原、丘陵與河谷，以及內陸山區。

馬來西亞全年高溫多雨，適合種植農產品、橡膠、棕櫚樹、可可等，且蘊含豐富的天然資源，諸如石油、天然氣等。

馬來西亞的馬來半島有 11 州，婆羅洲北部有沙巴和沙勞越 2 州，全國共擁有 13 州。還有 3 個聯邦直轄區，分別為吉隆坡、布城、納閩，是一個聯邦制的國家。位於馬來半島的馬來亞，北接泰國，南部與新加坡隔著柔佛海峽，以及位於加婆羅洲北部的沙巴、沙勞越，其南接印尼，而汶萊位於此兩州之間。

吉隆坡是馬國首都，也是馬國經濟、文化和交通中心。位於馬來半島西部海岸的中段。面積（包括郊區）為 244 平方公里，人口超過 160 萬人。「吉隆坡」為馬來語，意思是「泥濘的河口」。1857 年，一些華人到此尋找錫礦，後來發展成為城市。該城市規劃布局合理，巴生河東岸為商業區，西岸有大學和政府機構，近郊是新建的住宅區，而郊區是工業區。

馬來西亞處於太平洋地震帶之外，因而地盤穩定，無地震、火山

爆發等特大自然災害的侵襲。而麻六甲海峽位於印尼蘇門答臘與西馬中間，爲世界最重要的海運管道，也造就了馬來西亞在東南亞的樞紐位置。

馬來西亞早在西元前 3 至 1 世紀，即已出現「古吉打王國」（羯荼），而布央谷文明則在西元 3 世紀出現。在西元 4 世紀至 7 世紀之間，馬來亞半島興起「室利佛逝王朝」（SriVjaya），亦稱「三佛齊」（Samboja），直至 13 世紀時期。三佛齊的國王統治著一個由蘇門答臘的濱海地區、馬來半島和婆羅洲所組成的鬆散海上王國長達 700 年之久。

自 10 世紀起，來自中東的穆斯林就曾多次途經馬來半島，在西元 1136 年，第 9 任吉打統治者瑪哈拉惹得哇拉惹二世，從印度教皈依伊斯蘭教後，改稱蘇丹慕惹化沙，建立了「吉打蘇丹王朝」。15 世紀伊始，島上以麻六甲爲首的一些新興蘇丹國，開始採用伊斯蘭教，使得伊斯蘭教對馬來人產生深遠影響。

在西元 1511 年，葡萄牙人占據麻六甲，成爲在馬來半島和東南亞地區建立定居點的第一個歐洲殖民列強，而荷蘭人也在 1641 年緊隨其後進入麻六甲。然而，當英國人在亞庇、古晉、檳城和新加坡初步建立軍事基地之後，逐漸確保其霸權橫穿各個領地，包括當今馬來西亞，建立其海外殖民統治勢力的新霸權。

作爲一個政治地理概念，馬來西亞出現並被普遍接受的時間比較晚。1957 年 8 月 31 日，首席部長東姑阿都拉曼（Tunku Abdul Rahman）宣布「馬來亞聯合邦」獨立，1963 年，馬來亞聯合邦聯與

新加坡、沙巴及沙勞越組成了「馬來西亞聯合邦」。馬來西亞首都為吉隆坡，是人口密度最高、最繁榮的地區，聯邦政府則位於布城。1965 年 8 月，新加坡退出馬來西亞，馬來西亞今日之版圖從而確立。

　　就地緣政治而言，馬國位於中南半島南端和加里曼丹島北部，臨近麻六甲海峽，扼守印度洋到太平洋的咽喉通道，具有重要的戰略意義。歷史上馬來西亞一直被視為帝國必爭之地。葡萄牙人、荷蘭人和英國人蜂擁而至，渴望控制連接太平洋和印度洋的支點。而中國是嘗試在馬來西亞發揮影響力的最新勢力。

　　馬來西亞得天獨厚的多元文化，儼然成為「體驗亞洲魅力」的最佳地點，也為馬來西亞帶來觀光財。去馬來西亞可以體驗亞洲三大文明——馬來、中華和印度文化的精髓。體驗由馬來人、華人、印度人以及各種少數民族融合下的亞洲文化。甚至可以去探索世界最古老的熱帶雨林，與不同種族及宗教背景的馬國居民交流，採購當地手工藝品及當季流行服飾，前往世界頂級的潛水天堂探索海洋生物，觀賞傳統及現代的建築奇觀，享受物美價廉的豐富美食，悠閒漫步於沙灘上，入住國際豪華渡假村，或是融入當地居民體驗民宿之樂，讓歷史、文化、族群、宗教、生態、藝術、建築等的融合，鑄造出馬國觀光之美。

3.2 馬來西亞政治體制

　　馬來西亞由於過去曾是英國的殖民地，因此在政府體制上也承襲了英國的內閣制（又被稱為西敏制），還有相關行政、法律、教育等

制度。

馬國體制根據憲法規定，為一個「君主立憲」之聯邦制，在政治體制基本上由四大模組組成，即君主立憲制、議會民主制、聯邦體系以及多黨體制。

在政府結構上，根據馬國憲法，最高元首是國王。名義上代表國家最高領袖（Supreme Leader），是最高軍事統帥。作為馬來西亞最高元首的君主是從馬來各州世襲的名義領導人中挑選，由 9 個州（柔佛、吉打、吉蘭丹、森美蘭、彭亨、霹靂、玻璃市、雪蘭莪及丁加奴）世襲之蘇丹相互投票選出，輪流擔任，任期五年。

而總理之遴選資格，根據馬國憲法規定，其必須是下議院的議員，其領導的內閣即是聯邦政府的實際管理者，內閣是重要政策的決策與執行主體。

馬國國會屬兩院制，即上議院和下議院，上議會又稱為「長老院」，共有 70 席次，任期為三年，其中 44 席由總理向最高元首提交委任，另外 26 席則來自 13 州的議會推選。下議院又稱為「代議院」，共有 222 席次，由全國大選中選出，任期五年，可以連選得連任。

基本上，馬來西亞選民在投票時擁有兩張選票，一張用於投選國會議員（即下議院議員），另一張則用於州議員。其中，選舉委員會將馬來西亞劃分成 222 個大選區（投選 222 位國會議員），以及 505 個小選區（投選州議員）。而聯邦直轄區如吉隆坡、納閩、布城，並沒有州立法機關，因此直轄區的選民僅有一張選票，用以投給國會議員。

聯邦行政機關首腦的首相，則是由國王從下議院議員名單中擇選任命，依慣例是由下議院中最大政黨的黨魁就任。首相再從兩院議員中選任內閣幕僚，如第 6 屆首相納吉（Najib Razak），是第 2 屆首相阿都拉薩（Abdul Razak Hussein）的長子，也是第 3 屆首相胡先翁（Hussein Onn）的外甥，可謂是名門之後。

在各州則設有州政府和州議會，但一般而言權限並不大，馬來西亞雖說是聯邦制，不過地方分權的色彩仍較淡薄，顯示出中央集權的政治領導模式。

馬來西亞政治屬於多黨政治，馬國有很多政黨，政黨集結為政黨「聯盟」。例如現在的執政黨聯盟，便是「希望聯盟」（Pakatan Harapan, PH；簡稱希盟），其組成的政黨包括有人民公正黨（Parti Keadilan Rakyat, PKR）、民主行動黨（Democratic Action Party, DAP）、國家誠信黨（Parti Amanah Negara, AMANAH）、和土著團結黨（Parti Pribumi Bersatu, PPB）。

而超過半世紀長期執政的「國民陣線」（Barisan Nasional, BN；簡稱國陣），主要成員黨包括有馬來民族統一機構（United Malays National Organization, UMNO；簡稱巫統）、馬來西亞華人公會（Malaysian Chinese Association, MCA；簡稱馬華）、馬來西亞印度國民大會黨（Malaysian Indian Congress, MIC；簡稱國大黨）、土著保守黨（Parti Pesaka Bumiputera Bersatu, PBB）、人聯黨和民政黨等 13 個政黨。

另外，還有沙勞越人民聯合黨（Parti Rakyat Bersatu Sarawak）、

馬來西亞民政運動黨（Parti Gerakan Rakyat Malaysia）、沙巴團結黨（Parti Bersatu Sabah）、民主進步黨（Progressive Democratic Party, PDP）、馬來西亞伊斯蘭黨（Parti Islam Se Malaysia, PAS）。

總之，馬來西亞目前的政治格局主要分為三大派：即以巫統為主的「國民陣線」，以民主行動黨和人民公正黨為主的「希望聯盟」，以及以伊斯蘭黨為主的「和諧陣線」（Gagasan Sejahtera, GS）。

巫統是馬來西亞最大的政黨，國陣最初的成員之一，國陣的主導者，歷任首相主要來自此黨，黨員都是馬來人，「馬來民族主義」是其成立的基礎與願景。該黨一則堅持為種族、宗教和國家的尊嚴鬥爭，二則同時也致力於捍衛馬來文化作為民族文化，捍衛並發展馬來西亞的伊斯蘭教。

馬華是國陣最初的三個成員之一，前身是馬來亞華人公會，黨員都是華人，早期的黨員多數是中國國民黨的黨員和官員，是為了對抗馬來亞共產黨而成立，協助華人搬入新村和發放身分證，可以說代表著華人社會（「華社」）的利益。但自從 2000 年後，喪失很多支持者。

國大黨是國陣最初的三個成員之一，代表著馬來西亞印度裔的利益。國大黨在 1946 年 8 月成立，即第二次世界大戰結束後為了爭取印度脫離英國殖民統治而鬥爭。現在注重於追求馬來西亞印度社群的利益，但其影響力也逐漸式微。

民主行動黨簡稱「火箭黨」，希望聯盟成員，黨員多數是華人，也是檳城的執政黨和雪蘭莪的執政黨之一。奉行民主社會主義，前身是新加坡人民行動黨在馬來西亞的分支。

　　國家誠信黨簡稱「誠信黨」，希望聯盟成員。其黨員多數是前伊斯蘭黨開明派，奉行伊斯蘭民主主義。土著團結黨簡稱「土團黨」，希望聯盟成員。其黨員多數是前巫統馬哈迪派，精神領袖為馬哈迪（Mahathir Mohamad）。黨員開放給所有種族，但非土著不能掌握高位，並奉行馬來民族主義、伊斯蘭民主主義和保守主義。

　　馬來西亞於 2018 年 5 月 9 日舉行第 14 屆的國會選舉，這是馬來西亞自 1957 年獨立以來最重要的一個日子，讓馬國首次出現「政黨輪替」、「政治變天」。因為納吉總理的貪腐，以及馬哈迪的離開巫統，並加入希望聯盟臨門一腳的馬哈迪效應，讓在野的「希望聯盟」在 222 席的國會議員席次中，獲得過半的 113 席（包括人民公正黨 49 席、民主行動黨 42 席、土著團結黨 12 席和國家誠信黨 10 席），拉下執政長達 61 年的國陣。國陣在這一次選舉僅贏得 79 席，而「和諧陣線」獲得 18 席。馬國首次的政黨輪替，讓希望聯盟取代了國民陣線，並由高齡 90 多歲的馬哈迪再度出任總理。

　　值得一提的是，馬來西亞在 1970 年代開始推行具有爭議性的「新經濟政策」，旨在改變土著，特別是馬來族群的經濟、政治與教育地位，以及「固打制」的推動，在這政策下財富結構重新分配，馬來人受到大力扶持，儘管如今「新經濟政策」名目上已不存在，但其首開先例留下許多變種的對馬來人有利的政策，鞏固馬來人的權利，卻已經成了政治正當性的潛規則。

　　最後，在政治文化上，馬國的政治領域裡的扈從主義現象，頗為根深蒂固於文化傳統。一般民眾不以為忤，因為它植根於民族文化中

的傳統，傳統的運作原理則是「禮尚往來、投桃報李」，呈現出對等的付出與支持關係。不過要注意的是，馬國政治在民主選舉中常會引發出「民粹」主義，也會引發出「教粹」主義，甚至是「族粹」主義，這是馬來西亞素來政治上常出現的「階級、宗教、族群」三合一問題。

3.3 馬來西亞社會文化

馬來西亞為一多元種族國家，主要族群包括土著（馬來人及各種原住民）以及非原住民（即華人及印度人等）。在 2017 年底，馬國人口約 3,149 萬人，其中馬來人約占 68.8%、華人占 23.2%、印度人占 7%、其他種族占 1%。

馬來西亞雖由多元民族組成，但彼此和平共處，族間互相尊重文化、傳統、宗教信仰及生活方式等，形成一個和諧與和平的社會環境。這可以在吉隆坡和檳城的「和諧街」、「和諧路」景象獲得印證，街上同時存在著清真寺、教堂、印度廟與佛教廟寺等聖殿，也可以看出不同宗教之間的包容與尊重，成為了不可逾越的族群平衡關係。

馬來西亞立國以來也努力建立單一國家意識，實施「一種語言、一種文化」政策，以馬來文及文化為主體，主張非馬來族之文化應同化於馬來文化，因此在語言、文化、教育及新經濟政策上對馬來族均予特別保障。

在馬來西亞信仰的人口結構分布來看，信奉伊斯蘭教約占 58.4%、大乘佛教約占 22.2%、基督教占有 9.1%、印度教約占 6.1%、泛靈論占有 5.2%。

　　馬來西亞是個以農立國的民族，因此維持著許多原始信仰，尤其是各民族濃厚的宗教色彩。其宗教融合了伊斯蘭教、印度教和佛教，其中以印度教影響尤為深遠。由於多民族的長期共同生活，形成一種多元的文化特色。

　　由於各種族的信仰不同，馬來人篤信伊斯蘭教，並將之列為國教，但華人大多信奉佛教，印度人則信奉印度教，各種族間通婚不易，故獨立迄今雖已歷經 60 多年，三個族群仍未能融合形成單一之馬來文化。各種族至今仍保留不同之過年習俗，如華人習慣慶祝農曆春節，馬來人則慶祝伊斯蘭教開齋節、印度人歡度屠妖節，因此馬來西亞皆列為國定假日。

　　大體而言，馬來西亞各族的族際關係可說是和諧的，即便曾在 1969 年發生過五一三流血衝突事件，但也局限於雪隆（雪爾莪和吉隆坡）一帶，而非全國性的衝突。基本上，大馬人是中道者（Moderate），而非極端主義者。雖說各族間常發生各類爭執，主因還是在於一些政治人物的政治操作，但在民間層次，各族依然是和平共存、友善相處。

　　基本上，馬來人多是溫和善良的民族，馬來人的核心文化價值重視賢良（Budi）與著重人的感受（Rasa）的教養，這是促進和諧的重要因素。所謂賢良的價值觀至少包括明辨是非的判斷力（Budi Bicara）、良好品格（Budi Pekerti）、溫文爾雅（Budi Bahasa），與做好事（Budi Akal），也就是指「溫、良、恭、謙、讓」與屬於行善的賢良素質，結合了體會體諒的感受（Timbang Rasa），以及著重文雅（Halus）、有教養（Bersopan Santun）的性格修養的綜合作用，塑

造了有助於族際和諧的價值與態度。

對於華人來說，馬來西亞是一個很獨特的國家，目前馬國華人所占的比例高達四分之一，以往甚至還超過三分之一以上。但在馬國的教育體制還出現馬來人與華人教育並存的雙軌制，眞可說是一國兩制的教育體制。此外，雖然馬來語是國語，但華語也被廣泛使用，除普通話外，廣東話、福建話、潮州話、海南話和客家話等，也是馬來西亞華人普遍使用的語言。

馬來西亞提倡「強化馬來語，提倡英語，並掌握母語」的教育制度，鼓勵學生必須掌握兩種語言之外，也同時鼓勵各族學習自己的母語。

馬來西亞絕大部分的小學都是政府學校，分爲國民小學（Sekolah Kebangsaan）及國民型小學（Sekolah Jenis Kebangsaan）兩種，只有非常少數的私立小學。目前，政府小學分成三個源流，即以國語爲主要教學媒介語的稱爲國民小學（國小）、以華語爲主要教學媒介語的國民型華文小學（華小），及以坦米爾語爲主要教學媒介語的國民型坦米爾小學（坦小）。

此外，馬來族群沒有固定的姓，所以不以姓氏作爲稱呼用途。馬來人名字的第一個部分是他們的名字，第二個部分是他們父親之名。傳統上，馬來人在見面時會用雙手握住對方的雙手互相摩擦，然後將右手往心窩點一點。男子向女子點頭或稍行鞠躬禮，並且主動致以口頭問候。但現在西式的握手問好在馬來西亞是最普遍的見面禮，不論用在馬來人、華人或印度人都可通用無阻。不過馬來人因爲信奉回

教，所以忌食豬肉、飲酒。

在中產階級方面，《第十一馬來西亞計畫》對馬國的中產階級（Kelas Menengah, Middle Class）係以家庭收入作出定義，其設定的目標是在 2020 年之時，每月平均收入將從 2014 年的 2,537 令吉，增加到 2020 年的 5,270 令吉，那麼「中產階級」家庭將在 2020 年時增加至 45%。

馬來西亞也是一個美食天堂，多元文化的種族的天然優勢下，造就了馬國擁有許多特殊美食。和其他東南亞國家的菜餚類似，口味較重，多以胡椒和咖哩調味。其中較出名的食物有椰漿飯、沙嗲（雞肉、牛肉及羊肉串）、乾咖哩牛肉、馬來糕點、竹筒飯、沙律囉惹、咖哩雞、印度拋餅、黃薑飯、叻沙、海南雞飯、Rojak、肉骨茶等。另外，「娘惹菜」原本是華人移民的家傳菜，「娘惹菜」就是融合中國烹調和馬來口味的料理。

馬來人在男女傳統禮服上，男士為無領上衣，下著長褲，腰圍短紗籠，頭戴「宋穀」無邊帽，腳穿皮鞋。女士禮服是上衣和紗籠，衣寬如袍，頭披單色鮮豔紗巾。除皇室成員外，一般不穿黃色衣飾。打工族為了工作穿著方便，一般著輕便的西服，只在工餘在家或探親訪友或在重大節日時，才著傳統服裝。在各種正式場合，男士著裝除民族服裝或西服外，可穿長袖巴迪衫。巴迪衫是一種蠟染花布做成的長袖上衣，質地薄而涼爽，現已漸漸取代傳統的馬來禮服，成為馬來西亞的國服。

在婚姻禮俗上，證婚儀式（akad nikah）通常在新娘家或清真寺

舉行，由朗讀古蘭經詩節的伊瑪目或卡迪主持，並向新郎說明他成為丈夫之後的義務與責任，接著隆重的見證婚姻，新郎與新娘簽下婚姻證書。證婚儀式後，新郎會贈予新娘禮物儀式（mas kahwin），代表新郎對於新娘的新責任，此乃馬來西亞婚禮中非常普遍且必要的禮俗。

在購物商場方面，馬來西亞的購物環境發達，近年來外商及本地廠商紛紛引進外國管理技術，各型連鎖超商、百貨公司、便利商店、大型量販店、購物中心及直銷業等，如雨後春筍般設立，帶動馬來西亞零售業發展，並直接衝擊傳統商店，一改以往多由當地華商經營之舊式批發零售體系。

目前國際大型零售集團已在馬來西亞占有一席之地，這些購物商場（Aeon、Tesco 特易購、Giant 等）為馬來西亞目前主要通路商，另便利商店如 7-ELEVEn、屈臣氏、Guardian 等小型零售商目前也有逐漸增多的趨勢，但價格稍高。

3.4 馬來西亞經濟發展

馬來西亞是一個以自然資源和農業資源的出口國，最值錢的出口物資是石油，有一段時間，它是世界上的錫、橡膠和棕櫚油的最大生產國。為了使經濟多樣化，並使馬來西亞的經濟減少對於出口貨物的依賴，政府正推動馬來西亞的旅遊業。目前旅遊業已成為馬來西亞的第三大的外匯收入來源，但它正受到成長中的工業經濟所造成的空氣和水源汙染，以及森林砍伐所威脅。大馬已發展成為伊斯蘭銀行的全

球中心，而且在伊斯蘭銀行擁有最多的女性勞工，知識經濟服務也正在擴張。

2015 年馬國政府公布的「第十一馬來西亞計畫」中，馬國政府採取六大策略：一是提高生產力；二是透過創新創造財富；三是增加中產階級人數；四是致力教育及技術訓練；五是推動綠色科技發展；六是投資具競爭力城市，包括吉隆坡、柔佛州的柔佛巴魯、沙勞越州的古晉和沙巴州的亞庇等。

在第十一大馬計畫下，重大基礎建設發展包括有六個大項目：一是興建金馬士（Gemas）往返柔佛巴魯，距離 197 公里的雙軌火車；二是在吉蘭丹河推行綜合「防水災計畫」，包括興建堤壩；三是提升首都和高速發展地區寬頻速度至 100Mbps，鄉區寬頻網速 20Mbps；四是計畫於砂州木膠（Mukah）及老越（Lawas）興建機場；五是在森美蘭州汝萊、芙蓉及波德申興建「馬國宏願谷」，占地 10 萬 8,000 公頃，推動綜合發展計畫；六是投資 530 億令吉，推動柔佛州邊佳蘭綜合計畫（Pengerang Integrated Complex, PIC），以及提升彭亨州關丹港口設施。

目前，馬來西亞境內有超過 200 座工業區。同時，馬來西亞也已設立超過 20 個自由工業區，包括 Pasir Gudang、Tanjung Pelepas、Batu Berendam I & II、Tanjung Kling、Telok Panglima Garang、Pulau Indah (PKFZ)、Sungai Way I & II、Ulu Kelang、Jelapang II、Kinta、Bayan Lepas I, II, III & IV、Seberang Perai 以及 Sama Jaya 等。

關於幣值匯率，馬來西亞令吉（Malaysian Ringgit, MR）是馬來

西亞的法定貨幣，以及部分國家的流通貨幣，由馬來西亞國家銀行發行。1995 年至 1997 年，令吉與美元以大約 2.50 之間的自由浮動。隨著亞洲金融風暴爆發期間，令吉在 1997 年底大幅貶值至 3.80 兌一美元，導致資本外逃。在 1998 年上半年之匯率介於 3.80 及 4.40 之間，直至馬來西亞首相馬哈迪的提議下，國家銀行宣布與美元掛鉤，鎖定匯率 3.80，卻持續不到七年，但與其他貨幣則採取自由浮動。

2005 年 7 月 21 日，馬來西亞國家銀行宣布廢除了實施七年的令吉與美元固定匯率制度，從即日起實施可管理的浮動匯率機制（managed float），讓令吉與美元脫鉤，令吉將根據一籃子貨幣的匯率浮動。

目前，馬來西亞是東南亞第 3 大經濟體，也是世界第 38 大經濟體。馬來西亞的勞動生產率明顯高於泰國、印尼、菲律賓和越南等鄰國，因爲知識型產業密集，製造業和數位經濟採用尖端技術。根據 2017 年《全球競爭力報告》，馬來西亞經濟在 2017~2018 年期間是世界上第 23 個最具競爭力的國家。

馬來西亞的投資市場吸引許多外資，主要是清眞產業，馬來西亞雖由馬來人、華人及印度人組成，但馬來人比率超過 60%，且大多信奉伊斯蘭教，爲東協中具有代表性的穆斯林國家，在全球清眞食品普及推廣下，爲積極搶攻全球清眞產品市場，馬國將清眞產業列入國家發展重點產業，傾注資源發展清眞產業。無疑地，馬來西亞擁有世界權威的清眞認證體系。

馬來西亞發展清眞產業之機構主要由「清眞產業發展機構」

（Halal Industry Development Corporation, HDC）負責，該機構亦協助業者進軍國際清眞市場及該等產業之投資。而建立清眞（Halal）標準則由馬來西亞伊斯蘭發展局（Jabatan Kemajuan Islam Malaysia, JAKIM）負責訂定標準。由於馬來西亞伊斯蘭發展局所發的清眞認證獲得大部分中東及東協國家承認，有利拓展廣大清眞市場。

其次，在製造業上還有電機電子業。馬來西亞之電機電子業發展超過 30 年，至今已發展成馬來西亞最主要的外銷產業，許多國際大廠皆在馬投資。馬國出口主要項目包括半導體、自動資料處理機、通訊設備及零組件、辦公設備及自動資料處理設備零組件、積體電路及印刷電路基板等。由於外人長期在馬投資電機電子行業，各種上下游產業鏈相對較完整，較易獲得周邊產業之配合。

再其次，製造業上另一重點是生物科技產業。馬來西亞自 2005 年推出國家生物科技政策以來，成立馬來西亞生物科技機構，該機構後更名爲馬國生物經濟機構，專責推動馬國生物科技產業。

馬國計畫發展三大重點領域：即生物農業（熱帶農業生物科技）、生物醫療（創新醫療保健產業與服務）、生物產業（再生生物科技資源）。另外，馬國醫療保健產業擁有良好發展潛力，尤其擁有許多高素質醫院提供醫療保健旅遊服務。倘醫院提升基本設施及塑造良好品牌，將可吸引更多外國遊客前往馬國尋求醫療保健旅遊服務。

服務業方面，主要是電子商務。馬國的電信網路在東南亞僅次於新加坡，有 470 萬固網用戶，超過 3,000 萬的手機門號。此外，馬國人口結構年輕化，人口傾向於網路購物，加上智慧手機上網普及率

高，電子商務前景看好。馬國盼至 2020 年，電子商務年成長率，能從 2016 年的 10.8%，提升至 20.8%。估計至 2025 年，電子商務市值可達 320 億令吉（約合 72.19 億美元）。

在產業結構上，馬來西亞經濟表現逐漸具有彈性，因爲馬國經濟結構已逐步多元化，不再依賴石油與天然氣產業，並由服務業與製造業所主導。私人投資主要受到來自製造業和服務業，以及基礎設施工程計畫落實所提振。

而穩定的勞動力市場和薪資增長則扶持了私人消費成長，讓內需持續穩健成長。馬國農業占有 11.1%、工業占有 35.6%、服務業占有 53.5%。而馬來西亞主要產業有電子、半導體、微晶片、積體電路、橡膠、油脂化學品、汽車、光學設備、製藥、醫療設備、冶煉、木材、木漿、伊斯蘭金融、石油、液化天然氣，以及石化產品。

在貿易結構上，馬國主要進口產品爲電氣和電子產品、機械、化學品、石油、塑膠、車輛、金屬、鋼鐵和鋼鐵製品。主要出口產品則爲半導體和電子產品、棕櫚油、液化天然氣、石油、化學品、機械、車輛、光學和科學設備、金屬、橡膠、木材和木製品。而主要進口夥伴爲中國、新加坡、美國、日本、泰國、南韓和印尼，主要出口夥伴則爲新加坡、中國、美國、日本、泰國和香港。

就馬國本身而言，馬國規劃了「六大經濟走廊」，涵蓋了農業、教育、物流、製造業、油氣、專業服務等多個領域。「六大經濟走廊」包括有北馬經濟走廊特區、東海岸經濟特區、大吉隆坡計畫、大馬依斯干達、沙巴發展走廊，以及沙勞越再生能源走廊。馬來西亞位於東

西方貿易之路的核心，此位置能夠讓貿易簡單踏入東協、中國、印度、澳大利亞、紐西蘭等市場。因此，除了東協體系的區域經濟之外，與其他國家也簽署數十項自由貿易協定。

在基礎建設方面，馬來西亞是亞洲基礎建設最發達的國家之一。馬國有 7 座國際港口，其中最大的港口位於雪蘭莪巴生市的巴生港。全國有超過 95% 的人民可享用乾淨水源。而馬國的公路網涵蓋了 98,721 公里，並包括長達 1,821 公里的高速公路和大道。境內共有 118 座機場，其中 38 座鋪設硬面跑道。而國家航空公司主要是馬來西亞國際航空，提供國際與國內航班，此外有兩家私營的航空公司。在鐵路系統上，由國營的馬來亞鐵道所擁有，總長有 1,849 公里。鐵路線分布於西海岸以及東海岸的內陸地區。

在物流上，根據全球物流業領導公司（Agility）發布 2017 年新興市場物流指數顯示，馬來西亞物流網路與基礎建設發展完善，在全球 50 個新興市場中，維持第四位排名，僅次於中國、印度及阿拉伯聯合大公國。由於馬國政府持續經濟開放政策及提升基礎建設發展，擁有國際水準的港口、機場、道路及鐵路、工業園區及科技園區，並定位為具吸引力之出口國。馬國在市場聯繫評估項目，僅次於阿拉伯聯合大公國，排名第二，彰顯馬來西亞在國際與國內交通基礎建設之效率。

最後，馬來西亞對於中國的一帶一路倡議推動，呈現出愛恨交加的困境，在納吉領導時期，比較偏向於中國搶標從新加坡到吉隆坡的「新隆高鐵」承建權，全長約 350 公里，同時將斥資 20 億美元，把

位於新隆高鐵終點的吉隆坡打造為世上最大的地下城——「大馬城」（Bandar Malaysia）。馬中雙邊在 2016 年底也簽署總金額約達 324.5 億美元，涵蓋有金融、電子商務、太陽能電池生產、港口建設、天然氣管計畫、海水淡化廠計畫等。

此外，最大的承諾無非是獲得中國房地產商「巨擘碧桂園」同意於 20 年內，在馬國投資高達 1,000 億美元，在新山「依斯干達經濟區」（Iskandar Economic Zone）的「森林城市計畫」（Forest City Project），以及中馬兩國將耗資約 120 億美元，投資於麻六甲海峽的最大港口項目「皇京港」（Melaka Gateway Project），規劃有文化產業、科技工業區、商務區、金融中心、旅遊、港口物流等項目的大型綜合經濟區，這將對新加坡海港產生威脅。

不過對於納吉跟中國「一帶一路」倡議的大計畫案協議，都隨著馬哈迪再度上臺後，面對來自中國推動的「一帶一路」倡議相關的投資案，擔憂惡化馬國財政，以及不利於當地勞工與企業的發展，也一一暫緩這些馬中協議的建設案。

3.5 馬來西亞不動產市場發展與潛力

基於對促進經濟發展、吸引其他國家的資金、拉動當地旅遊業發展等方面的考慮，馬國政府於 2002 年開始實施「第二家園計畫」，鼓勵外籍人士在馬國較長時間居住。成功申請的外籍人士可持有 10 年（可連續更新）的馬國居留證，並可連續多次自由進出的簽證。但在馬來西亞購屋最大的限制，就是每個州政府對於外國人可以購買房

地產的金額限制不同，目的在避免外國投資者將低總價的物件炒高。

申請者需要證明自己在馬來西亞境外每個月的收入超過 1 萬令吉。50 歲以下的申請者需證明擁有 50 萬令吉流動資產，50 歲及以上的申請則需證明擁有超過 35 萬令吉的流動資產即可，並需要存入一定數額的定期存款，並持續至該計畫結束。但是在馬來西亞購買房地產項目的申請者，則可成為例外。如申請者購買價值 100 萬令吉以上房地產的全新申請者，在申請時將獲准存入數額較低的定期存款。

在馬來西亞購屋最大的限制，就是每個州政府對於外國人可以購買房地產的金額限制不同，目的在避免外國投資者將低總價的物件炒高，依照目前馬來西亞投資的首選城市吉隆坡，限制的金額為 100 萬令吉以上；而麻六甲則是 50 萬馬幣以上；檳城則會依照產品而區分 100 萬和 200 萬馬幣以上的限制。

其次，在土地使用上，《1965 年國家土地法》確定了聯邦政府與州政府的許可權、土地用途的分類、土地所有權轉移、土地的買賣、沒收、劃分及抵押等內容。《1976 年城鎮與鄉村規劃法》及其 1995 年修正案規定，申請取得土地，以及更改土地用途的方案必須呈報審批。《1960 年土地徵用法》規定政府部門、企業或個人不得隨意徵用土地，只有州政府有權徵用州內土地及改變土地使用性質，聯邦政府徵用土地也要透過州政府進行。《馬來人保留地法》將土地總面積約四分之一劃為「馬來人保留地」，並規定除非獲得州政府批准，否則不能出售、出租或抵押給非馬來人。

在不動產市場狀況與成長方面，馬來西亞不動產的成長主要是伴

隨國內生產總值的增長率而來，然而近年來，馬國辦公樓和零售市場持續承受壓力，主因是租金和出租率受供過於求的影響，但電子商務增長將推動物流／工業用地需求。整體而言，酒店／休閒業的吸引力較大，接著為物流／工業用地，零售、辦公室和醫療保健產業吸引力相對較低。依地區區分，首都吉隆坡仍為多數投資人商業投資和發展首選，其他依次為雪蘭莪州、柔佛州、檳城和沙巴州。

在投資風險上，除了利率、匯損風險之外，在馬來西亞投資不動產尤其預售屋方面，本地人是非常謹慎評估購買預售屋，因為不管房市多頭或空頭，建商捲款的事情時有所聞。馬來西亞是「人治色彩濃厚」且官方需要金錢疏通的國家，因此許多預售屋會發生政府不發放地契的「爛尾樓」事件。

一般外國人除非透過馬來西亞當地公司發放工作證，否則購屋是無法貸款，現在許多外國人購買的預售屋是 100% 付現金，或是跟建商協助貸款，但都具有一定的風險。在馬來西亞協助過戶的是律師，因此大多賣方會委託一名律師、買方一名、銀行也會有一名律師，由這三名律師協助辦理銀行貸款與過戶資料，一旦投資者是透過建商律師處理，在沒有其他律師從中權衡，很有可能發生前述捲款潛逃之事。

但馬來西亞賣房子因為是律師彼此發函、資料往來，簽署契約至過戶最快也要一年，非常不利於急售房屋的投資者。同時，馬來西亞官方語言是馬來語，契約書都是馬來文，一旦律師有意欺騙，也會讓購屋者陷入買賣糾紛。

　　就投資報酬率來看，馬來西亞的租金報酬往往有 4% 以上，但投資吉隆坡，一定要在「能看得見雙塔」的地方。至於現在不少業者主打的重大建設，如吉隆坡捷運及輕快鐵系統，但「跟著捷運增值買房」在吉隆坡並不流行。至於泛亞鐵路，其實也沒有經過吉隆坡，對吉隆坡房市加持效果極小。馬來西亞政府早就擬定 2050 年前的重大建設，至今落實速度極慢。馬來西亞除了市中心雙塔附近，其餘地段生活機能不佳。

　　最後，過去五年來，令吉兌美元最高匯率是 4.48，最低是 2.98，劇烈波動曾造成匯損達 50%。貨幣代表國民購買力，當貨幣持續大幅貶值，隨之而來的是進來商品大幅漲價，例如 iPhone 就大漲 30%，造成國民購買力下降。但在馬來西亞房地產市場，卻造就另一番榮景。2013 年，令吉不斷走跌，吉隆坡房價卻不斷上漲，因對外國人而言，持續走低的馬幣，是變相地對吉隆坡房價打了折扣。2014 年 3 月，大馬政府為了限制外資炒房，調整吉隆坡外國人購屋限制，由 50 萬令吉上調至 100 萬令吉。但貨幣走貶優勢，擋不住外資持續進場，卻造就一番榮景怪相，而令吉的越貶，卻又造成吉隆坡房價的漲勢，讓吉隆坡房市幾乎成為外資盤，外界紛紛討論大馬房價是否出現泡沫化的隱憂。

3.6 結語：馬來西亞持續發展上的「疑中」、「反中」、「拒中」情結

　　經濟上，馬國透過經濟計畫希冀跳脫中等收入陷阱。由於世界經

濟將緩慢回升，中國等新興市場穩定發展，國際油價仍將上升，這將有利於馬來西亞經濟持續取得增長。然而，馬來西亞保持經濟穩定增長面臨一些挑戰，主要包括：美國加息、保護主義抬頭，中國經濟增長減緩，地緣政治出現緊張局勢等外部因素；國內企業全球競爭力弱、缺乏創新能力，高素質教育、研發方面的不足，勞動生產率較低以及全國大選結果的影響等內部因素。

　　政治上，2018 年，馬來西亞第 14 屆全國大選成爲現任總理納吉與前總理馬哈迪的兩強對決。作爲現任總理和巫統主席，納吉擁有強大的政府資源，執政黨聯盟——國民陣線內部相對團結，執政期間經濟基本保持了增長，並且完成了馬來西亞選區的重新劃分，巫統原先獲得一定的選票優勢。但是，納吉也存在涉及「一個馬來西亞」發展有限公司貪汙案，由此造成巫統分裂、聲望下降；執政期間推行的一些政策如消費稅等引發部分不滿等問題。而馬哈迪是馬來西亞最有影響力的政治強人，他在 1981~2003 年期間擔任馬來西亞總理，是馬來西亞任職時間最長的一位總理。此外，馬哈迪還曾是納吉的引領者，幫助其上臺執政。馬哈迪於 2016 年宣布退出巫統，2017 年 3 月正式加入在野黨聯盟——希望聯盟，2018 年 1 月，希望聯盟推舉馬哈迪爲候選人，成爲納吉最強的競爭對手。由於在過去兩屆全國選舉中，當時的在野黨聯盟——人民聯盟已經爭取到了大多數華人選票，馬哈迪影響的馬來人選票，實現了馬來西亞獨立之後第一次政黨輪替。

　　2018 年，馬來西亞繼續推進與各主要國家的外交關係，但馬中關係受到重點關注。自 1969 年五一三排華事件以來，所建立的宗教

與族群平衡關係，深深地影響到馬來西亞與中國的雙邊外交關係發展。但由於馬國華人所占的比例高，又主導著馬國經濟發展，以及隨著中國經濟崛起，馬國經濟向中國市場傾斜的程度趨高。同時，又加上中國當局對於新疆穆斯林的壓制，讓馬國馬來穆斯林不滿，無形中也阻止馬國政府推動與中國外交的發展。甚至因為馬國華人與中國聯繫的密切關係，更讓馬國馬來人深感不安，潛意識下似乎又浮現出華人會聯合中國來掌控馬國政經的焦慮，甚至懷疑馬國華人的國家政治認同與立場，隱約中不免喚起著對於馬來華人與中國政府的不信任。

其次，對於馬來人掌控馬國政府政治相對於華人控制馬國經濟的雙元現象，這種「一國兩制」政經分離的平衡關係，深怕被打破，而不利於馬來人的族群利益。基於此，讓馬國政府對中國外交的發展立場，時常陷於愛恨交加、進退矛盾和疑慮不安的困境。近年來馬國政府與華人企業的政經利益卻出現漸趨一致，但對於馬來人和伊斯蘭教利益卻又產生不一致的衝突，這讓馬國政府的角色扮演更為關鍵。

最後，傳統馬國的商業模式，主要由馬來人統治集團與華人合作，均由馬來人來掌控公司股權，以利掌握國家重大公共建設工程。然而，當納吉總理尋求經濟發展資金而與中國「一帶一路」倡議下的中國人合作，可能損害傳統存在的複雜政商利益結構。因此，對於納吉在選舉的訴求，必須面對國內利益集團和宗教族群的糾結問題，對中國「一帶一路」倡議在馬國的投資和建設，必須強調顧及馬國整體人民利益。

第 **4** 章

新加坡
全球城市國家

新加坡共和國
（The Republic of Singapore）

- 國花：胡姬花
- 國樹：雨樹

體制與領導人	一院議會制（內閣制） 總統：哈莉瑪（馬來人） 總理：李顯龍	**國內生產總值（GDP）**	3,041 億美元（2015） 3,098 億美元（2016） 3,239 億美元（2017） 3,466 億美元（2018）
土地面積	719.20 平方公里 （約臺灣的 1/50）	**人均GDP 所得**	54,940 美元（2015） 55,243 美元（2016） 57,714 美元（2017） 61,200 美元（2018）
人口	5,995,991 人（2018）	**GDP經濟成長率**	2.4%（2016） 3.6%（2017） 3.1%（2018） 2.9%（2019）*
族群	華族（74.3%）、馬來族（13.3%）、印度裔（9.1%）、其他（3.3%）	**通貨膨脹率**	– 0.52%（2015） – 0.53%（2016） 0.58%（2017） 1.04%（2018）
首都	新加坡（獅城）	**產業結構**	農業（0%） 工業（26.6%） 服務業（73.4%）
語言	英語、馬來語、華語、坦米爾語	**貨幣單位**	新加坡元（SGD）
宗教	佛教（42.5%）、新教（10.0%）、天主教（4.5%）、無宗教信仰者（15.0%）、伊斯蘭教（15.0%）、道教與傳統宗教（8.0%）、印度教（4.0%）、其他（1.0%）	**匯率（兌換美元與臺幣）**	1.352 新元（兌換 1 美元） 0.045 新元（兌換 1 臺幣）

資料來源：貿協全球資訊網、台商網—新加坡、World Bank、IMF、香港貿發局（HKTDC）、新加坡統計局。
註：*預估值。

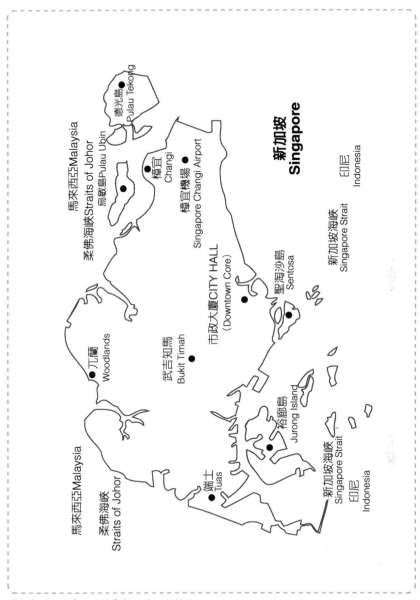

資料來源：臺泰交流協會彭淑菱秘書製作。

4.1 新加坡地理與歷史背景

新加坡共和國是東南亞的一個島國，也是一個「城市國家」（city state）。位於馬來半島的最南端，毗鄰麻六甲海峽南口，南有新加坡海峽與印尼相隔，北有柔佛海峽與馬來西亞相隔，並以長堤相連於新馬兩岸間，也就是所謂的「新新關係」（新加坡與柔佛新山）。因地處太平洋與印度洋航運要道的麻六甲海峽入口，讓新加坡成為東南亞地區中心，也堪稱「亞洲的十字路口」，地理位置十分重要。

新加坡國土面積為 719.2 平方公里，位居世界第 197 名，差不多是 2.64 個臺北市，或是臺灣面積的 2% 而已。新加坡共有大小島嶼 63 個，地勢起伏和緩，主島為新加坡島，其面積占到 90% 以上。新加坡很多地區都是填海產生，建國後曾經進行多次填海工程。至今，新加坡約有 20% 的國土面積是由填海產生。

在氣候環境上，因地處緯度較低，且近赤道，四面環海，屬於赤道多雨氣候，長年高溫多雨。長夏無冬，全年平均溫度約在攝氏 24~34 度，晚上氣溫常高到 30 度以上，甚至比白天高溫。全年溫差小，平均約 27 度。降雨充足，年均降雨量在 2,400 毫米左右。濕度相當高，每日平均濕度為 84%。

在西元 7 世紀時，新加坡被名為「海城」（Temasek，淡馬錫），它是蘇門答臘古帝國——斯里佛室王朝的貿易中心。在西元 13 世紀時，新加坡有新名字，即新加普拉，意思為「獅子城」。因為獅子的馬來語是「Singa」、都市的馬來語是「pore」，所以就成了「Singapore」。

　　西元 14 世紀時，中國明朝把新加坡稱爲「淡馬錫」，成了鄰近各國互爭的戰場，戰爭到後來並沒有出現大贏家，新加坡社會與人民卻已受到深深的傷害，新加坡被各國遺棄，房屋全毀，一時間竟淪爲荒涼的叢林。

　　新加坡開始受到重視始於 14 世紀，三佛齊王子拜里米蘇拉建立麻六甲蘇丹王朝，並將其建設成港口，但於 1613 年被焚毀。新加坡現代歷史可追溯至 1819 年英國人萊佛士（Thomas Raffles）把該島建設成港口，在 1824 年新加坡正式成爲英國殖民地，最初隸屬於英屬印度殖民當局管轄，但 1867 年升格爲海峽殖民地，受英國直接統治。在英國開始管轄新加坡，並茁壯爲重要的轉口港，負責印度與中國以及東南亞間之貿易，進而使新加坡成爲主要的海港城市。

　　在第二次世界大戰期間，新加坡在 1942~1945 年間被日本帝國所占領。新加坡被日本占領達 3 年 6 個月，取「昭和年間所得之南地」改稱「昭南特別市」，被當作一重要軍事基地，使得戰火蔓延至新加坡。

　　1945 年 8 月英國重新管轄新加坡並恢復舊稱，因經歷第二次世界大戰戰火侵襲，新加坡不再相信其他國家的庇蔭，開始渴望自由與獨立，決定脫離英國尋求獨立。英國政府首先在 1948 年開放新加坡人民有限制形式的選舉，接著在 1955 年又開放全面性的選舉，新加坡於 1959 年取得自治地位，繼而推舉劍橋大學畢業的律師李光耀出任第一任總理。

　　新加坡希冀加入馬來亞聯合邦（Federation of Malaya），並在

1963 年和新加坡一起建立馬來西亞聯邦，然而社會內部的矛盾與激化，促使「人民行動黨」（People's Action Party, PAP）和掌握馬來西亞政權的「巫統」（United Malays National Organization, UMNO）產生歧見，最後馬來西亞將新加坡逐出聯邦，新加坡在 1965 年 8 月 9 日成為獨立的共和國。

4.2 新加坡政治體制

根據《新加坡憲法》，新加坡實行的是一院議會制（內閣制）政府，為代議民主制單一制體系。國家的政府機構三權分立，新加坡總統由直接民選產生，為國家元首，任期六年，可以連任一次。目前新加坡總統是哈莉瑪（Halimah Yacob），是首位的馬來族女總統，於 2017 年 9 月 14 日就職，接替陳慶炎成為新加坡的第八任總統。

新加坡國會議員也是選舉產生，任期五年，總理從國會多數黨中產生，其領導的內閣擁有行政權，並由獨立的公共服務委員會管理公務員的聘用以及處分。新加坡總理從議員中選出內閣部長。

自建國後，人民行動黨一直是唯一的執政黨（一黨獨大狀態），在議會中也鮮少有能夠形成監督力量的反對黨，部分反對黨成員是被委任，以免議會裡 100% 的意見都是支持人民行動黨，議會在 1991 年改變選舉制度後設有反對黨的保障名額，最多有 9 席。現在新加坡工人黨，是國會中的最大在野黨。

新加坡的政治體制屬於議會民主的（內閣制），但實質上既不同

於傳統西方民主制，也不是完全意義上的東方威權制，而是融合了兩者的特徵。一方面採用西方式的議會民主制、普選制、政黨制等治理形式的政治體制。另一方面，又並非全盤照搬西方，而是根據自身國情以及真正需求作了相應的調整，形成了所謂的「好政府」，並建立起「菁英治國」的模式。

　　新加坡政治強調國家利益和社會秩序至上，實行所謂的「有限民主」和「家長式」管理，宣導儒家思想和「亞洲價值觀」，具有明顯的東方色彩。在各個時期，它總是以國家和人民行動黨的利益為立足點，處於相對的變動中。

　　新加坡的選舉主要是選民選議員，而且以黨團制（party-block）的混合選舉模式，將單數選區與複數選區結合起來，稱為「團體選民代表制」（Group Representation Constituencies, GRC），獲勝的政黨得到選區內的所有席位。此設計目的是在少數群體社區（例如馬來亞、印度）的「團體選民代表制」中至少有一名代表。

　　人民行動黨是新加坡最大的政黨，自 1957 年以來就一直控制著新加坡的議會。新加坡的反對黨勢力一直非常薄弱，但在 2011 年之新加坡大選後，政治版圖稍為受到衝擊而有所改變，因為新加坡工人黨（Workers' Party）於阿裕尼集選區及後港單選區獲得 6 席，連同非選區議員共有 9 席，雖然不足抗衡人民行動黨，但已成為最有力的反對勢力。

　　此外，新加坡的言論自由和新聞自由自獨立之後就一直被壓制，雖然近年來鼓勵創意產業發展，以及展現更開明的政府作為，在言論

方面似乎有所放鬆。但在媒體和新聞自由方面，根據新加坡在記者無國界（Reporters Without Borders, RWB）發布的 2014 年新聞自由指數顯示，新加坡僅排名第 150 位，為中後半段，因為其嚴苛的法治與高壓的政治環境為許多人權組織所詬病。一直以來「無國界記者」組織的新聞自由度排名顯示新加坡為無新聞自由的國家，因為新加坡政府往往會告批評新加坡政府的外國傳媒誹謗，或是限制其在新加坡的發行量。

西方國家通常會指責人民行動黨主宰了新加坡主要的政治舞臺，因為國會成員絕大多數是該黨黨員，三任總理李光耀、吳作棟與李顯龍都是由人民行動黨祕書長兼任。雖然國會的構成來自選舉結果，但要把新加坡視作民主國家並不太具有說服力。新加坡即使是實行普遍選舉，但新加坡政府體制接近一黨執政、開明專制，甚至常被戲稱新加坡是世界上最大家族企業、新加坡是「李氏王朝」。

新加坡身為東南亞的小國，其政治立場傾向採取中立政策，然而中立不代表沒有立場，新加坡一直試圖讓複雜的國際關係，往對自己有利的方向發展。不管是美中關係、兩岸關係，還是美國與北韓對峙，即便相距千里，一旦衝突升級，都會對區域各國帶來影響。連馬英九和習近平的「馬習會」、川普（Donald Trump）與金正恩（Kim Jong-un）的首度「川金會」都安排在新加坡，便可知新加坡受到青睞的魅力。

立國之後，新加坡的外交策略主要由李光耀與首任外長拉惹勒南（Sinnathamby Rajaratnam）所制定，往後的外交官員都以這些策略原

則為基礎行事。在李光耀眼中，外交是關乎國家生死的事，是內政的延伸，不得馬虎。

新加坡外交政策的兩大核心思想是建立在新加坡是個脆弱國家的立場，一是平衡國際政治中的各種力量，是新加坡的外交要務。二是增加新加坡與大國之間的聯繫，在互動之中不失自主，保持獨立身分。對問題的應對以不講意識型態、不相信「非黑即白」的實用主義原則。因此，要增強新加坡的影響力，一定要得到大國的支持，一是增加自身對大國的價值，二是聯合其他小國，壯大力量。

在官僚體制上，新加坡官僚體系裡大多是世界一流大學畢業的高材生，而政府明確的施政目標，就是將新加坡發展為一個富裕經濟、優質教育的國家。然而，在《我在政府部門的日子》電影中，卻也顯示出，素以高效率聞名的新加坡政府也有相當官僚的部分，遇到事情避重就輕，能不做決策就不回覆，以免擔責任。電影中的主管光會喊口號，將工作下放，遇到上級讚賞就爭相邀功，一遇到狀況就互相推諉。

從李光耀傳承下來，新加坡雖然是小國規模，卻能用大國格局的角度思考，靈活處理自己的國際關係。為保長治久安，新加坡試著和區域的大國培養感情。因此，它或許是世上唯一一個可自稱和中國及美國都有特殊關係的國家。就在新加坡和中國交好的同時，新加坡也依賴美國。美國海軍的船艦會輪流進出新加坡，將新加坡作為維持南海秩序和看守麻六甲海峽的基地。美國海軍猶如新加坡抗衡印尼和中國等較大鄰國的保單。新加坡也小心翼翼，兼顧東西方的平衡舉措，

反映了亞洲不安定的權力平衡。

李光耀任職總理長達 31 年，將新加坡發展成爲亞洲最繁榮的國家之一。李光耀深刻了解新加坡處境，在 1965 年時，新加坡有 200 多萬人口，絕大部分供水卻是依賴於 1961 年和 1962 年與馬來西亞簽訂的兩份長期供水合約。李光耀深深感受到可能因爲水資源問題讓新加坡屈膝，所以水比軍隊更重要。在李光耀任內，新加坡所有涉及水的政策都由總理辦公室協調。「治水」政策成爲當時最重要的國家戰略任務，經過近 50 年的創新發展，新加坡的水源由單一的鄰國購水，發展到雨水收集、鄰國購水、新生水和海水淡化等四個方式，供給國內用水。因爲新加坡人知道，擁有了水資源，等於向世界說明他們更加獨立與自由。

新加坡人習慣稱呼李顯龍爲「李 PM」，也如同其父親般，自幼就會英語和華語，後在劍橋大學念書，以數學一等榮譽畢業。李顯龍拒絕劍橋三一學院的入學許可，放棄學術生涯，回到新加坡從事建國工作。他在服役一段時間後，追隨父親腳步進入政壇。李顯龍曾表示，父親對他的影響很大，「他造就了我」。李顯龍從李光耀身上，學到三個領導人必備的條件：要有主見，不能隨波逐流；要有說服民眾的能力；要懂得從理性和感性的角度洞察人心。

值得一提的是，人民行動黨在 2018 年底已明確財政部長王瑞杰將成爲下一位領導接班人，也就是第四代領導人。但王瑞杰是否就是下一位總理，還需要通過下一屆大選這一關，人民行動黨必須獲得勝選。

4.3 新加坡社會文化

　　新加坡人見面和分手時都以握手爲禮，登門拜訪主人會預先約好時間。在介紹時，通常稱呼人家「某先生」、「某太太」、「某小姐」。新加坡的氣候受海洋和緯度的影響，氣溫高，濕度大，因此穿輕質料子的服裝最爲適宜。工作時人們普遍穿便服，下班後可穿 T 恤衫和細斜紋布褲，僅在正式的宴會上才必須穿西裝，繫領帶，女士們則要穿晚禮服。招待的方式通常是請吃晚飯或午餐。新加坡人喜歡清淡，愛微甜味道，主食以米飯爲主，他們愛喝啤酒、葡萄酒等飲料。

　　就宗教而言，新加坡除了基督教、天主教、佛教、道教、伊斯蘭教之外，還有興都教、錫克教、耆那教、猶太教等等。新加坡宗教信仰的分布大致上是：佛教（42.5%）、無宗教信仰者（15%）、伊斯蘭教（15%）、新教（10%）、道教（8%）、天主教（4.5%）、印度教（4%），以及其他（1%）。

　　就種族而言，新加坡以移民爲主，其中華人占 70% 之多，另外還有馬來人、印度人和其他少數族裔。7 月 21 日是新加坡的「種族和諧日」，此乃爲了紀念 1964 年 7 月 21 日的族群衝突，提醒新加坡人種族與宗教和諧不是理所當然的，族群關係是需要經營與維護，以避免慘痛歷史重演。經過多年的各方面努力，新加坡的族群關係似乎相當的融洽。

　　儘管西方文化跟思想對新加坡人的影響越來越深，但多數仍保有其傳統宗教信仰，主要節日慶典多都與宗教信仰有密切關聯。根據統計，在只有 70% 人口信仰傳統宗教的華人社區裡，幾乎每個人都會

以期待的心情迎接農曆新年。

在文化價值上，除了保有各族群的傳統文化價值外，執政的人民行動黨開展對新加坡國民的國民意識教育，透過不斷提升國民的個人品格，增強國民的社會責任感，激發國民的愛國熱情，嘗試構建新的國家價值觀，統一民眾思想、動員和凝聚社會共識。

1991 年新加坡政府公布《共同價值觀白皮書》，提出「國家至上、社會爲先；家庭爲根、社會爲本；關懷扶持、同舟共濟；求同存異、協商共識；種族和諧、宗教寬容」的國家價值觀，從而彰顯對傳統社會民主主義價值觀的整體取代。

新加坡的治安良好爲世界各國所公認，無論是人民的安全感、對警察的信心，以及遭遇的犯罪經歷等，人民對國家治安和執法體系可靠度的評價，與經濟和社會發展有密切的關聯。新加坡治安好的原因很多，一般認爲首要的重點是「嚴刑峻法」，新加坡法律中有超過 30 種不同的罪行都適用鞭刑。此外，新加坡的警察也是治安的重要原因，因爲新加坡的警民比約爲 1：350。

新加坡的社會和諧來自族群和平的互動，華人、馬來人、印度人，再加上其他種族，形成新加坡所謂「華馬印其他」（CMIO）的四大族群。「華馬印其他」大約是 76%、15%、8%、1% 的固定黃金比例，政府對這種「穩定」是非常在意的。對他們而言，維持這種穩定，就表示維持著種族的和平。

2003 年，新加坡歌手孫燕姿以英文演唱新加坡愛國歌曲「全心全意」（One United People），歌詞中刻意凸顯四個種族、各種人群

的並存，但只有「一種聲音」。這在相當程度上，呈現了新加坡想要營造的「和諧」氛圍與關係。

在網路使用上，新加坡總人口近 600 萬，城市化水準已達 100%。其中網際網路用戶高達 471 萬，滲透率占總人數的 82%。同時，新加坡的手機用戶有 844 萬，平均每人擁有 1.47 個移動設備。移動社交活躍用戶超過 400 萬，滲透率 70%，電商購買滲透率 51%，該等數字還在不斷增長中。網際網路活躍用戶持續增長，每年增長用戶超過 6 萬。社交媒體活躍用戶也持續增長，增長用戶超過 80 萬。手機用戶持續增長，移動社交活躍用戶持續增長。

據說在新加坡 99% 的人都是中產階級，中產階級的生活是優質的，因為社會保障制度與居民福利政策的健全，中產階層無需為房為車負累，他們生活簡單而開心。若以指標觀之，新加坡中產階級有十大標準，首先是身分的部分，取得新加坡護照或永久居留權；其次是房產，至少擁有一套房或正在購買房產，無還房貸壓力；三是個人月收入 4,500 新元以上或家庭月收入 8,000 新元以上；四是有存款，雖然新人不熱衷存款，但多年累積也得有 30~50 萬新元；五是家庭至少有一輛車；六是每年兩次長線旅遊；七是有較高的學歷；八是不為生計奔波，更注重個人健康；九是和諧美滿的家庭；最後是對消費較無顧慮。

在旅遊觀光資源上，新加坡政府高度重視對旅遊產業的管理和規劃，注重保存歷史和發揚自身特色，因地制宜的規劃旅遊景點；聘請知名專家和學者先後編製了新加坡旅遊業發展規劃、分區規劃、聖淘

沙旅遊區建設規劃等旅遊發展規劃，按自然生態、文化與人文、遺產與娛樂、寓教於樂、時尚休閒等規劃，新加坡已建成旅遊景區 30 個。2007 年設置 20 億新幣作爲旅遊業發展基金以支持發展旅遊業，使新加坡從一個旅遊資源不足的國家變成了一個旅遊資源豐富的國家。擁有世界最大的摩天輪、東南亞最大的飛禽公園、世界首個夜間動物園、世界最大的海洋館（S.E.A. 海洋館）、世界首個夜間 F1 車賽等。

爲進一步鼓勵旅遊業的發展，新加坡也非常重視廉價航空的發展趨勢，除了建立兩家私營的廉價航空公司（即捷星 Jetstar 和酷航 SCOOT）外，也鼓勵馬來西亞、泰國、印尼和澳大利亞等國的廉價航空公司將新加坡列爲目的地之一，同時願意降低樟宜國際機場的使用費用。

根據國際航空運輸協會（International Air Transport Association, IATA）對所有國家進行免簽證排名，也就是所謂的護照指數（Passport Index）榜單，在 2018 年 7 月，新加坡和日本以 189 個免簽國雙雙登頂，而在 2018 年 1 月份，新加坡還排在第二位，才半年時間超越連續五年排名第一的德國（188 個免簽國）。

新加坡的飲食多元，主要有中餐、印度餐和馬來餐，中餐主要以福建、廣東和海南等地的特色菜爲主，其中也融入了馬來飲食的特色。印度菜和馬來西亞菜別具一格，如馬來人的沙嗲和馬來炒飯，以及印度的煎餅和羊肉湯。新加坡的飲食特色還包括餐館，新加坡人吃飯的地方往往被稱爲「熟食中心」（Food Court），分布在各住宅區、商業中心、地鐵站和大的商場裡。熟食中心裡提供中餐雜菜飯、麵條、

釀豆腐、雞飯、馬來飯、印度飯等等不同食品的攤位，同時會提供用餐的桌椅等設施。

在婚姻禮俗方面，受到社會西化的影響，新加坡華人在結婚時，已經沒有提親，以及小聘和大聘之別，多數人就是以「過大禮」來取代下聘的習俗，也不送喜餅。但是潮州後人還保留了「四點金」，由公婆贈送媳婦四樣金飾，在喜宴上穿戴的習俗。潮州人還有一個特殊的習俗，那就是迎娶時新娘不能見到陽光。新郎把新娘迎娶回到男方家中後，新人就要拜公婆、祭祖、然後向男方的公婆及長輩敬茶，再回到娘家向女方家人敬茶。在華人喜宴上，新加坡人不會打開取出禮金登錄在禮金簿上，有時新人會準備禮金箱，讓親友直接將禮金投入禮金箱中。

馬來人的婚禮都是習慣使用組屋的空地，直接搭建以寶藍和白色做頂的帳篷，以自助餐的形式舉辦喜宴。馬來族新人在喜宴時，穿著傳統馬來服端坐，且表情必須嚴肅、不能任意交談。此外，馬來人的婚宴通常一連舉行兩、三天，而且還有卡拉 OK。至於印度人，通常在印度廟舉行傳統印度婚禮儀式，但一些印度族新人也舉辦西式的婚禮儀式。

在教育發展方面，新加坡教育的成功在於高素質的教育人才。吸引優秀青年成為教師的則是誘人的薪資，新加坡教師的平均起薪介於1,100 美元和 2,500 美元之間，如果學生成績表現優秀，學校還會發給老師獎金，因此新加坡許多青年教師每天工作超過 9 個小時。新加坡重視教育的觀念也在政府預算上體現，教育預算大約占政府總預算

的 20%，大量投資在師資培訓和教育方面。為了統一教學方法和提高師資質量，所有的教師都經過國立教育學院的相同培訓課程，每一名教師每年都要參與至少 100 個小時的培訓、研討會或師資交流。

在購物商場上，新加坡有數量眾多的購物中心，加上低稅率、低關稅，進口商品的數量非常大，這使得新加坡的商品價格非常有競爭力。因此，新加坡購物商場散布於各處，諸如烏節路、牛車水、聖淘沙，皆有各式各樣的購物商場。

新加坡在英文或華文上皆擁有非常友善的環境，同時新加坡也重視雙語教育。即現今英文加上母語的新加坡雙語教育，迄至 1987 年方確立，並非 1965 年獨立以後就已經達成。「講華語運動」是為了配合 1979 年的教育改革而推行，主要的目標是為了讓華族能夠保有他們的母語。2000 年左右，還出現了「講好英語」（Speak Good English）運動，此乃針對新加坡著名的「新式英語」（Singlish）而設，為提升英語使用水準。

新加坡雖然不是華語流行音樂的重鎮，然而過去 20、30 年，華語樂壇不斷有著新加坡歌手與音樂人漂洋過海的足跡。不過由於新加坡華語流行歌曲市場太小，最大的娛樂傳媒機構星傳媒亦屬國有機構，沒有私人娛樂公司的跨國宣傳推廣策略，陳潔儀、許美靜、孫燕姿等不少都在臺灣、香港闖出一定知名度，回頭再受新加坡人歡迎。對於臺灣的閩南語鄉土連戲劇更是喜愛有加，對於鄧麗君、鳳飛飛的歌曲更是懷念不忘，甚至對於早期臺灣歌手的演唱、群星會、閩南語歌曲，都深入新加坡老一代的心裡。

4.4 新加坡經濟發展

　　新加坡已是成熟經濟體，加上全球經濟、政治、科技等領域出現很多變化，新加坡很難像過去那樣實現每年 5% 以上的高速成長。在 2016 年的經濟成長是 2.4%、2017 年是 3.6%、2018 年是 3.1%，預估 2019 年約 2.9%。但通貨膨脹在 2016 年是 - 0.53%，出現通貨緊縮現象，但是在 2017 年提高到 0.58% 和 2018 年的 1.04%。

　　新加坡基本上是高度的市場經濟國家，然而政治體制的關係，經濟政策仍在新加坡有其指導功能。舉例而言，新加坡的未來經濟委員會（Committee on Future Economy, CFE）2017 年 2 月提出未來 10 年新加坡三大途徑與七大經濟戰略。三大途徑分別是新加坡要保持開放性，繼續與世界接軌；要與時俱進、精益求精，要求新加坡人掌握和善用精深技能，企業增強創新能力；新加坡政府、企業和新加坡人民要探索新的合作方式，協力落實有助經濟成長的策略。而七大經濟戰略包括：深化並擴展國際連繫、掌握並善用精深技能、加強企業創新與壯大能力、增強數位能力、打造機會處處的蓬勃互通城市、發展並落實產業轉型藍圖、攜手合作促進創新與成長。

　　新加坡市場高度開放，國際化與自由化的程度很多，各項經濟自由度指標皆名列一、二。舉例而言，加拿大佛瑞塞研究所（Fraser Institute）根據政府規模、司法體系與財產權、貨幣健全度、國際貿易自由度、政府管制等五大專案進行分析，公布的世界經濟自由度 2018 年度報告，新加坡位居第二，僅次於香港。

新加坡是亞洲發達的資本主義國家，曾被譽為「亞洲四小龍」之一，其經濟模式被稱作為「國家資本主義」。根據 2014 年的全球金融中心指數（Global Financial Centres Index, GFCI）排名報告，新加坡是繼紐約、倫敦、香港之後的第四大國際金融中心，也是亞洲重要的服務和航運中心之一。

新加坡也是世界第三大石油提煉中心，重工業主要包括區內最大的煉油中心、化工、造船、電子和機械等，擁有著名的裕廊工業區（Jurong Industrial Estate）位處新加坡島西南部的海濱地帶，距市區約 10 多公里，面積超過 60 平方公里。

早期的新加坡是個眾多跨國公司在東南亞投資的首選地，得益於新加坡穩定的政局、廉潔高效能的政府，以及較低的投資成本。隨著人力成本的提高，以及東南亞其他國家的工商發展，新加坡的這些優勢逐漸喪失，許多工業、製造業紛紛外遷。新加坡政府長期鼓勵私人創業，以及面對中國大陸及印度的崛起調整經濟結構，鼓勵企業到新興工業國家拓展投資。

新加坡元（Singapore Dollar）簡稱新元或新幣，是新加坡的法定貨幣。新加坡金融管理局（Monetary Authority of Singapore, MAS）掌管新加坡元的匯率，該局會因應國際匯率與經濟情勢調整匯率區間斜率，維持匯率政策區間的寬度和中點，目前 1 新元可以兌換約 22 臺幣，或是 1 美元可以兌換 1.352 新幣。

新加坡的投資市場基於其良好的制度吸引了許多外資：首先是電子產業、其次是資通訊產業、其三是餐飲業、其四是航太業、其五是

電子商務、其六是物流業，最後是區域總部。

　　就新加坡的產業結構來看，新加坡沒有農業部門，甚至所需的用水都要從馬來西亞輸入。在工業部分占了 GDP 的 26.6%，以及服務業占了 73.4%。以一個彈丸之地的新加坡，要發展工業其實也不容易，但新加坡堅持發展工業，一定要保留有三成的 GDP，以確保國家經濟安全。透過逐步擴展及深化其經濟結構，除了作為金融中心及貿易樞紐外，新加坡亦保留具競爭力以出口為主的製造業，將電子、製藥及煉油作為重點產業。

　　新加坡製造業的主要產業集群，包括有電子、化學、生物醫學、物流和運輸工程。在金融服務業上，由於新加坡的親商環境和政治穩定，金融服務業穩步成長。在新加坡的金融服務市場擁有 200 多家銀行和許多全球金融服務公司的區域中心，促進了全球，區域和國內市場之間知識、流程、技術和技能的轉移。

　　新加坡位於絕佳的區域地理交通位置，地處麻六甲海峽的東口，又在太平洋和印度洋的航運要道之上，致使新加坡擁有絕佳的區域經濟位置，亦即地處東南亞中心，連接印度洋和大洋洲，位在東方的「十字路口」上。因為領土面積狹小、分散，自然資源貧乏，勞動力短缺，市場狹小，新加坡發展貿易、金融、高科技自然成為發展核心。

　　新加坡政府設立基礎建設辦公室（Infrastructure Office），以統籌基礎建設價值鏈之國內外合作，協助業者落實大型基礎建設專案。基礎建設價值鏈包括金融服務、專業服務、精密工程以及建築業等，所涉部門含括新加坡企業發展局（Enterprise Singapore, ESG）、經濟

發展局（Singapore Economic Development Board, EDB）及金融管理局（Monetary Authority of Singapore, MAS）。目前新加坡包括機場、港口及通信設施等基礎建設極為完善，大幅提高其全球競爭力與品牌地位。未來亦將投資包括大士（Tuas）巨型海港、樟宜機場第五航廈及新隆高鐵等大規模專案。

在物流上，新加坡也是區域上重要的物流樞紐，更是世界最大轉運貨櫃港口所在地，與全球 600 多個港口相連。新加坡樟宜機場被評為世界上最好的機場，每週有飛往 330 個城市約 6,800 次航班。隨著時間推移，新加坡物流業建立了世界一流的基礎設施和流程。在下一代港口於 2030 年項目完工後，新加坡港吞吐能力將達 6,500 萬標準貨櫃，使其成為世界最大的綜合港口。

在航空業上，新加坡計畫將機場容量倍增，鼓勵航空貨物經由專門的基礎設施和流程在新加坡中轉，還為時間敏感型貨物設有機場物流園，為保鮮貨物提供冷鏈中心，以及為適應蓬勃發展的電子商務活動而提供地區快遞服務。

新加坡的主要產業包括有電子、化學、金融服務、石油鑽井設備、石油精煉、灌木、食品和飲料、管理維修、離岸建築、生命科學，以及轉出口。在出口方面，主要的產品為：機械和工具、電子和通信、藥品和其他化學品、精煉石油產品，而主要夥伴為：中國（13%）、香港（13%）、馬來西亞（11%）、歐盟（9%）、印尼（8%），以及其他（46%）。

在進口方面，主要的產品為：機械和工具、礦物燃料、化學製品、

食品、消費品，而主要夥伴爲中國（14%）、歐盟（14%）、馬來西亞（11%）、美國（11%）、臺灣（8%），以及其他（42%）。

4.5 新加坡不動產市場發展與潛力

新加坡向來被視爲投資房地產的「安全」地點，主要是新加坡環境穩定，風險水準相對較低。畢竟，新加坡是全球少數享有 AAA 信貸評級的國家。新加坡法制健全、房地產透明度高，是吸引外國買家的原因。政府機構也會定期在網上公布房價，讓外國買家可隨時獲取房市資訊，從而作出適當的購屋決定。

自從新加坡政府在 2011 年 12 月 8 日公布額外買方印花稅（Additional Buyer's Stamp Duty, ABSD）後，購置本地房地產的外國買家數量大減。2018 年 7 月 6 日，新加坡政府落實新的房市降溫政策，修訂後的規則顯示，除了購買第一套住宅房地產的新加坡公民和永久居民，個人買家要繳交的額外買方印花稅都上調 5 個百分點。此意味新加坡公民購買第二套住宅的額外買方印花稅，將從之前的 7% 增至 12%。外國人購買房地產由 15% 升爲 20%。此外，在貸款與價值比率（Loan-to-Value Ratio, LTV）上，也越趨緊。

新加坡每 20 年編製《概念規劃》（Concept Plan），由政府最高決策機構對國家未來 30 至 50 年的發展願景、人口規模、城市功能布局等，作出宏觀層面的戰略安排。另外，當局每 5 年就會更新一次《總體規劃》（Master Plan），爲國家未來 10 至 15 年的發展，制定每一塊用地的面積大小、使用用途、發展參數等具體安排。

　　迄今爲止，新加坡 719 平方公里的國土面積中，有約 160 平方公里由歷年塡海所得，即有近四分之一個新加坡由塡海而來。積極塡海，加上政府以強制徵收土地的做法，讓政府所擁有的土地面積，由 1960 年的 40%，大幅增加至目前逾 80%。由於新加坡是個市場經濟國家，在土地資源的利用與開發並不完全透過市場機制實現，而是由政府主導，便顯得政府在土地使用上很有政策效率。

　　新加坡具有《土地徵用法》、《土地權屬法》、《土地改良法》及《土地稅徵收法》等專門法例，爲政府的土地徵用、土地改良、土地出讓及土地租賃等，提供法律依據。隸屬新加坡律政部的土地管理局，則代表政府管理所有土地，行使土地徵用、地契辦理、土地勘測、空置土地處理等職能。

　　新加坡的組屋就是臺灣的國民住宅，組屋主要分兩種：新組屋和二手組屋，前者由政府提供預購項目，只開放給新加坡公民。夫婦兩人都是永久居民的外國家庭，可在公開市場上購買二手組屋，但前提是必須在獲得永久居民權後滿三年，購買後必須在半年內賣掉國內的私人房地產。基本上，組屋是購買 30~99 年的使用權，每人名下只能有一間組屋，必須是兩人聯名申請組屋，組屋成員得匹配全國種族比例，對租屋者補助少，通常只有家庭月收入低於 1,500 新幣（約新臺幣 3.3 萬）的人，才能取得補助出租住房。

　　根據新加坡市區重建局公布的數據顯示，2018 年上半年私人住宅房價上升 7.4%，其中第一季升幅爲 3.9%，創 2010 年第二季以來最大升幅。新加坡調高住宅額外買家印花稅新措施，將本地人購買

第二套房，以及海外人士購買物業的印花稅上調 5%，從 15% 上調到 20%；以公司名義買房的稅率更增加 10%。至於新加坡本地人首購的稅率則維持不變。

有著亞洲都心的新加坡，無論是在地理位置條件或是社會結構、產業發展以及外商投資的比例而言，也一直是投資客作為長期考量標的。新加坡也是亞洲最重要的金融中心之一，因為租稅相當低廉，所以長期以來被視為最適合發展商業的地區。政治穩定的環境與低犯罪率的良好治安，也都是這個國家的優勢。在這樣的情況下，新加坡購買房地產的成本與生活成本都相當高。在該地出租房地產的問題是，租金收益相比於購買成本不成比例，市場平均的年投資報酬率約是 2.5%。但在 2018 年的印花稅調漲，房地產市場獲利趨緩，已經購買物業的投資人被迫提高租金來反映高漲的成本。

4.6　結語：新加坡是東南亞的經濟小巨人

新加坡之所以能從貧窮小國，晉升成為全世界都看齊的國家，是因為新加坡極度了解自身處境，以及他們將核心價值發揮到淋漓盡致，李光耀認為「要做，就要做到最徹底、做到最好。」新加坡的成功是從困境開始，尤其小國要在國際生存，本來就是一件不容易的事，甚至還沒有土地、人口、天然資源等優勢。因此，對新加坡來說，如果不極力創造「經濟價值」，來作為強而有力的後盾，那麼新加坡這個國家可能隨時會消失不見。

新加坡盡力發揮每一寸國土的力量。儘管只是 540 多萬人口，其

中 330 萬公民的城市國家,但該國經濟在東協十國中居第三,僅次於印尼、泰國,而與馬來西亞相當。人均所得在東南亞地區居冠,在全球人均國民生產總值中也名列第八。國防開支總額位列東協第一。

　　政治上,新加坡在印度──太平洋區域的宏觀架構內,扮演重要的平衡角色,數十年來也是美國最強大的亞洲夥伴國之一。座落於天然深水港上的新加坡位於麻六甲海峽東部,成爲連接印度洋與太平洋通道的支點,是世界上最重要的咽喉之一。同時,新加坡也發展成所有貿易──海上貨物、能源貿易、空運、通訊、金融服務等的重要區域樞紐。

　　目前新加坡經濟發展已經面對五大挑戰:一是保護主義抬頭對世界貿易體系帶來的衝擊;二是全球生產和價值鏈發生轉變;三是傳統商業模式受科技顛覆;四是各行業間的發展差距擴大;五是土地和人力資源有限。爲了應對該等挑戰和把握機會,新加坡持續增進與外界的互聯互通、強化國際貿易條規、藉助工業 4.0 時代的新科技加快轉型、壯大人才網絡、推動社會各界共同創新、幫助企業增強實力、打造靈活監管環境、和培育持續學習文化。

第 5 章

越南
東南亞新小虎

越南社會主義共和國
（The Socialist Republic of Vietnam）

· 國花：蓮花
· 國樹：木棉樹

體制與領導人	共黨一黨專制 國家主席：阮富仲（身兼共黨總書記） 總理：阮春福 國會議長：阮氏金銀	**國內生產總值（GDP）**	1,932 億美元（2015） 2,053 億美元（2016） 2,239 億美元（2017） 2,474 億美元（2018）
土地面積	33.12 萬平方公里（約臺灣的 9.2 倍）	**人均GDP 所得**	2,065 美元（2015） 2,170 美元（2016） 2,343 美元（2017） 2,482 美元（2018）
人口	9,704 萬人（2018）	**GDP經濟成長率**	6.2%（2016） 6.8%（2017） 7.1%（2018） 6.8%（2019）
族群	京族（85.7%）、岱依族（1.9%）、泰族（1.7%）、芒族（1.5%）、高棉族（1.4%）、華族（1.1%）、儂族（1.1%）、苗族（1.0%）、其他（4.1%）	**通貨膨脹率**	0.63%（2015） 2.67%（2016） 3.52%（2017） 3.80%（2018）
首都	河內（因位於紅河與蘇瀝江之間而得名）	**產業結構**	農業（8.3%） 工業（35.8%） 服務業（55.8%）
語言	越語為主，英華略通	**貨幣單位**	越南盾（Dong）
宗教	佛教（53.0%）、天主教（10.0%）、高台教（3.0%）、和好教（4.0%）、伊斯蘭教（4.3%）、基督教（1.0%）、無宗教信仰（24.7%）	**匯率（兌換美元與臺幣）**	23,221 越盾（兌換 1 美元） 752 越盾（兌換 1 臺幣）

資料來源：貿協全球資訊網、台商網—越南、World Bank、IMF、World Fact Book、維基百科、越南統計局。

中國 China

越南
Vietnam

●
河內
Hanoi

南海
South China Sea

寮國
Laos

順化
Hue

峴港
Da Nang

柬埔寨
Cambodia

胡志明市
Ho Chi Minh City

資料來源：臺泰交流協會彭淑菱祕書製作。

5.1 越南地理與歷史背景

越南位於中南半島的東部，國土形狀呈南北向長狹型樣貌，其邊界線共長 3,730 公里，北面跟中國大陸（1,150 公里）接壤，西面接寮國（1,650 公里），西南面接壞柬埔寨（930 公里）。而海岸更長達 3,200 公里。

越南面積約 33 萬 1,689 平方公里，居世界第 58 位。平均每人擁有 0.6 公頃面積，居世界第 159 位。山地約占總面積的四分之三，比例類似臺灣。

越南人口約 9,704 萬人，其中都市人口約 1,948 萬人，農村人口 5,920 萬人。人口結構年輕，73% 人口低於 35 歲。

越南以越族為主，另有 54 個少數民族，包括岱依族、泰族、芒族、華族、高棉族、儂族等等。越南的主要語言，以河內語音為標準，也略通華語、英語、法語，而廣東話在華人之間相當普遍。

越南地圖呈長條狀，南北距離超過 3,000 公里，其氣候也因北、中、南地區之不同，氣候有明顯的落差。在越北地區尤其在河內一帶，與南臺灣氣候相若，但是冬季時，有時溫度會低至攝氏 10 度，但是在夏季時，高溫可能超過攝氏 38 度。而在南部地區，在胡志明市以南，則長年屬於熱帶氣候，溫度大約在攝氏 26~35 度。在中部地區，尤其是以峴港和順化地區，則亦略具四季變化，但並不很明顯。

越南政府將全國省分歸類為八大地理區劃，分別為西北、東北、紅河三角洲、中北部、中南部、西原、東南部，和湄公河三角洲。越

南現今有 63 個一級行政區，劃分有 58 個省和五大中央直轄市——即河內、胡志明市、海防、峴港、芹苴。

越南神話傳說四千年前已經出現最早的王朝鴻龐氏，據說神農氏五世孫貉龍君與仙女嫗姬生下 100 個蛋，定居在紅河流域。後來貉龍君帶領 50 個兒子住在平原及河邊，其中長子雄王（Hung Vuong）建立了越南最遠古的「鴻龐王朝」（Hong Bang），國名是「文郎」（Van Lang），約在今日越南北部。

但從西元前 3 世紀晚期至 10 世紀前期，越南處於中國統治之下，中國文化大量輸入。現時的越南中、南部地區，曾有占婆國存在（2 至 15 世紀），而南部的湄公河三角洲一帶曾為扶南、真臘（柬埔寨）等國的領土。

西元 938 年，吳權在白藤江之戰打敗中國南漢軍隊，此次戰役是越南獨立過程中的重要一步。在 968 年，丁部領建立大瞿越國，越南正式獨立建國。自此越南進入封建時期，經歷丁朝、前黎朝、李朝、陳朝、胡朝各朝的發展，15 世紀初一度被中國明朝所占（即屬明時期），不久復國，並在後黎朝前期達到封建時代興盛時期。其後有莫朝（與後黎朝合稱南北朝）、鄭主、阮主、西山朝等王朝和政權，到 19 世紀初期，阮朝重新統一全國。越南歷朝曾使用的國號有「大瞿越」、「大越」、「大虞」、「大南」等等，對外被稱為「交趾」、「安南」，19 世紀初始稱「越南」。

越南與中國有深遠的關係，與北方民族有複雜的情結。在河內的歷史博物館便可以看出，其呈現的地圖、圖畫和碩大的灰色石柱，

都紀念著焦慮不安的越南人於11世紀、15世紀和18世紀抵抗北方的宋朝、明朝和清朝帝國的入侵。難怪在法國留學的胡志明（Hồ Chí Minh）總結其越南歷史經驗時說：「我寧願在接下來的幾年聞法國人的屎，也不願後半生吃中國人的屎。」或許此言說明越南主要的地緣政治風險，仍是如何來應對北方大國的作為。

1858年法軍入侵越南，1883年越南淪為法國殖民地。1930年胡志明創立「印度支那共產黨」（Indochinese Communist Party, ICP），成立「越盟」對抗法國。

第二次世界大戰，日本利用法國崩潰之際，於1942年侵占越南，扶植「保大」（Bảo Đại）為安南皇帝。1944年，胡志明發動民眾組織游擊隊作戰。1945年日本投降，在胡志明主導下成立「越南民主共和國臨時政府」，取得越南政權。之後，法國再次攻陷河內，宣布重建越南政府，由保大皇帝擔任元首，與胡志明政權對峙。

1954年，越共於「奠邊府」（Điện Biên Phủ）之役戰勝法國，嗣後並簽署《日內瓦停戰協定》（Agreement on the Cessation of Hostilities in Vietnam），以北緯17度將越南劃分為二：北方由胡志明領導，稱「越南民主共和國」（Democratic Republic of Vietnam），南方由吳廷琰領導，稱「越南共和國」（Republic of Vietnam）。

1967年9月，南越之阮文紹獲選為第二任總統。美國為避免南越被北越兼併，於1960年代末及1970年代初大規模介入越戰，協助南越對抗北越，史稱越南戰爭。迄至1973年美國停止軍經援助後，南越陷入孤軍作戰困境，1975年4月30日西貢失守，這一天日後被

稱爲「越南解放日」。1976 年南北越正式合併，更名爲「越南社會
主義共和國」（Socialist Republic of Vietnam）。

5.2 越南政治體制

　　越南政體，憲法明訂「越南社會主義共和國」爲無產階級專政的
國家，越南共產黨是領導國家、領導社會的唯一力量，體制和中國大
陸相似，就是以黨領政。越南社會主義共和國是「一黨制國家」。只
有共產黨關聯或支持的政治組織才能參與選舉。而共產黨的總書記是
國家最重要的政治領袖，控制黨國機構和國家的任命、制定政策。

　　越南國家主席是名義上的國家元首和越南軍隊名義上的領導者，
主持國防安全委員會。越南總理是政府首長，主導部長會議，而部長
都來自於國會。越南國會由498位成員組成，地位在行政和司法之上。

　　越南政治文化以越南共產黨爲中介，透過支配黨員及領導幹部
的政治行爲來影響黨的行動。越南政治文化具有學習和效仿心理，諸
如引入西方競爭性選舉制度和質詢制度，並在模仿西方國家「三權分
立」的基礎上，建立權力制衡的「四架馬車」體系，即總書記（目前
是阮富仲）、國家主席（陳大光病逝後，由阮富仲兼任）、總理（阮
春福）和國會議長（阮氏金銀）。其政治文化也具有「重人情、輕法
制」的社會心理與內涵。

　　阮富仲（Nguyễn Phú Trọng）1944 年 4 月 14 日生於河內市東英
區（Dong Anh），最高學歷是政治學博士，曾任第 7 至第 11 屆越共
中央委員、第 8 至第 11 屆中央政治局委員、河內市委書記、國會主

席等。阮富仲於 2011 年 1 月在越南共產黨第 11 次全國代表大會上當選越共中央總書記，並於 2016 年越共十二大上獲選連任中央總書記。在 2018 年更被選為身兼國家主席，讓阮富仲黨政軍一把抓，是歷來領導人擁有最大權力者。

阮富仲是越共保守派的領導，受到蘇式經濟學的薰陶，長期把中國視為越南最大的交易夥伴，同時也是重要的戰略和意識型態盟友。但值得注意的是，當中國 2014 年在有爭議的海域部署石油鑽井平臺時，阮富仲似乎不願意批評中國。但他訪問白宮時，也凸顯越共高層越來越流行的一個看法，即改善越美關係有利於越南的國家利益，也是對中國在該地區影響力的重要制衡。

在民主選舉上，自「革新開放」（Doi Moi）以來，越共一直緩慢但不間斷地推行政治體制改革，從 1993 年第 10 屆國會選舉，越南開始普選和差額選舉，以及民主黨派和無黨派人士的參選。根據《國會代表選舉法》，任何一個候選人不論中央推薦、地方推薦、或自薦，都需經過「祖國陣線」的三輪協商關卡，在這種重重協商的機制下，最終得以進入正式候選名單者，不論是否黨員，都必須遵循越共的方針、政策。

在政黨上，根據《越南社會主義共和國憲法》關於越南共產黨地位的第 4 條規定：「越南工人階級的先鋒隊，工人階級、勞動人民和各個民族的權利忠誠代表，遵循馬列主義和胡志明思想，越南共產黨是越南國家和社會的領導力量。黨的所有組織在越南憲法和法律的範圍內活動。」因此。越南共產黨是越南唯一的政黨，也是「國家和社

會的領導力量」。

在外交地位上，越南的外交地位在重新與美國恢復邦交後，也大幅提升其國際地位。除了依託東協（Association of Southeast Asian Nations, ASEAN）之外，在印太戰略（Indo-Pacific Strategy）中亦有一定的地位。透過主動、創新和有效落實黨和國家的對外路線融入國際，以及提高越南在國際和地區舞臺上的地位。

越南為社會主義國家，民眾未經核准，不得在街頭遊行示威及抗議。雖然政府以漸進式推動民主，但越南的民主運動仍然不斷。舉例而言，在越共 2016 年 1 月黨代表大會召開前夕，軍官、教授、教師、共產黨黨員、牧師、佛教僧侶等等越南著名共和派人士，在網路聯名發表了一封給越共的公開信。公開信作者提醒越南政府，領導階層最重要的職責就是保護國家、對抗中國擴張主義，暗批河內在越南愛國路線上站錯了邊，甚至指共產主義在 21 世紀是個行不通的主義。公開信作者也呼籲共產黨領導當局採取措施，應該讓越南走上西歐式的社會主義民主。此外，一群越南知識分子在每一次政府換屆選舉期間，都會進行一波關於政治體制改革的討論，呼籲實行多黨制的聲音也屢見不鮮。

從 1986 年的革新開放到 1991 年，越南處於地緣政治環境「邊緣化」時期。越南為改變自身所處的狀態，開始逐步進入恢復其「重要性」地位時期，謹慎融入世界，接觸周邊國家與世界國家。

1995 年以後，越南地緣政治環境的「重要性」日益凸顯，尤其表現在南海爭端議題上，使越南「邊緣地帶」之地緣政治角色日趨明

顯。而東協對越南地緣政治地位角色的倚重，以及美國將越南作爲「印太戰略」基地，都大幅提升了越南的地緣政治地位，越南在外交上積極融入經濟全球化與地區經濟整合，加強與大國關係，也相當積極。

越南河內認爲，今後具有支配地緣關係的依然是美中關係，越南的平衡戰略不僅是美中之間的平衡，而且是其他大國之間的平衡，如在亞太地區，日本、印度和澳大利亞就是大國平衡戰略中的關鍵和重要夥伴。

越南正不斷努力加快融入國際社會步伐，在地區和國際舞臺上發揮作用，各項對外交往工作均根據越共十二屆六中全會的決議精神，切實維護政治社會治安秩序，堅定不移地促進《跨太平洋夥伴全面進步協定》（Comprehensive and Progressive Agreement for Trans-Pacific Partnership, CPTPP）和《區域全面經濟夥伴協定》（Regional Comprehensive Economic Partnership, RCEP）以及《越南與歐盟自由貿易協定》（EU-Vietnam Free Trade Agreement, EVFTA）談判等。越南外交地位從而爲此將進一步提升，展望未來擔任 2020 年東協輪值主席國和競選 2020~2021 年任期聯合國安理會非常任理事國。

越南於 2006 年實現了越共總書記的差額選舉，國會議員實行全民直選。2009 年，越南又實現了地方黨委書記由黨員直選的制度。2010 年，越南建立了官員財產申報制度，黨政軍及社會組織、國有企業副科級以上幹部，均須公開個人財產。

越共的核心領導層是「中央政治局」，由越共總書記、總理、國

家主席和國會議長構成的「四駕馬車」，互相制衡，讓黨內民主化的空間更廣闊。此外，隨著民主化進程的推進，作爲社會和非政府組織代表的「越南祖國陣線」的政治地位也獲得提升，因而該陣線中央委員會主席某種程度也可以被視爲是「半駕馬車」。

5.3 越南社會文化

越南是一個注重禮儀的國度，越南人都很講究禮節。越南人尊重傳統，也尊重禮儀，他們有很多關於生活的禮節、禮儀傳統。

越南是一個多民族的國家，共有 54 個民族。其中越族人（京族）是越南的主體民族，數量約占總人口的 87.5%，分布在全國各地，加上歷史悠久，文化程度高，其風俗習慣對其他少數民族有很大的影響，具有一定的代表性。

就宗教信仰上，越南宗教信仰自由，多數人民信仰佛教，約占全國人口之 53%，其他還有天主教約占 10%、西寧省的高臺教約占 3%、安江省的和好教約占 4%。另有基督教徒 1.0% 及伊斯蘭教徒 4.3%，其餘無宗教信仰偏好 24.7%。

在族群關係上，在越南民族形成和發展的歷史上，千年的遷徙使得少數民族分布從平原到高山，既分散又雜居。這種居住方式使得越南少數民族集中在一些地區，但不是連片分布，而是民族間相互交錯居住。

每個地區有些民族是本地人，也有一些民族是移民居民。在越南

每個省，每個縣很少只有一個單一民族，僅在北部山區只有 2.8% 的社、村有一個民族。同時，一個少數民族分布在很多地區，瑤族在 17 個省居住、苗族在 13 個省生活、傣族遍及 8 個省。而交錯雜居型態，有可能發生文化規範與生活方式之衝突和矛盾。

在文化價值上，越南文化包含一些穩定的價值觀，一些在幾千年的建國、衛國戰爭中培育出越南各族人民集體精神的菁華，濃厚的愛國心、民族自強意志、團結精神、以「個人—家庭—村社—祖國」為聯結的共同體、仁愛、寬容、重情義、重道德、勤勞、富有勞動創造性、處理事物的靈活性、生活的簡樸性。而這種民族性，更多的是反映在越南文化價值上。越南文化結構就包含越南民族文化、中華文化、印度文化、西方文化和東南亞文化等元素。

基本上，越南治安大致良好，雖有竊盜、搶劫案件，但絕少擄人勒贖等重大刑事案件，惟近年來尤其是在胡志明市及其周邊地區有逐漸惡化之趨勢。

越南語的人稱代名詞中沒有「你」的稱謂，而是根據不同談話對象用「哥」、「姐」、「妹」、「爸」、「媽」、「伯伯」等稱謂代替。因此在機關、學校裡，同事之間多以兄弟、姐妹相稱，客觀上就形成一種頗為親切的氣氛。越南領導人經常強調的一句成語就是「紅綢繫妝臺，同胞應相愛」。抗美戰爭期間，儘管越南經濟十分落後，人民生活也很艱苦，但由於上下都一樣，大家便一起同甘共苦，因而社會風氣和治安狀況始終很好。

越南的民族屬於三種語系，有 8 個語言組的文化群體，其中越南

語作爲各民族共同交流的方式，是越南的官方語言，是建立國家意識的工具。越南國家也支持維護和發展少數民族的語言的政策，爲保護民族文字和文化特徵創造了條件。每個民族的婚姻、喪禮和祭祖也有不同的儀式，在經濟社會發展水準不高的情況下，大多數少數民族仍然保留和被多種民間的信仰所支配。

在網路使用上，越南全國的 4G 上網的電信公司包括有 Viettel、Vinaphone、Mobifone、Vietnamobile、Gmobile 等 5 家。Viettel 是越南國家軍隊電信，在全國各地都市和鄉下之信號都最強，Viettel 在南沙群島中的黃沙島架設基地臺，有 6,000 萬個門號。Vinaphone 是越南國營電話公司，而 VNPT 的手機電信品牌也是國營。

根據世界銀行（World Bank, WB）的報告，越南 2014~2016 年的減貧狀況，越南已有70%的人口脫離貧困線，中產階級人口至少1,400萬。近六年來，新興消費階層（即滿足日常基本需求，有一定儲蓄，人均每日支出多於 5.5 美元）人數增長 20%，貧困人口同期卻減少20%。2014~2016 年期間，約有 300 萬越南人口躍升成爲中產階級。新興消費階層的興起，也使越南社會生活方式發生轉變，讓越南人追求更好生活及更高品質的服務，越南經濟也將逐漸向服務業和消費行業轉變。

2016 年越南貧困人約有 910 萬，2014~2016 年年均脫貧率爲1.85%，高於越南政府設定的年均脫貧率 1.5% 的目標。越南目前貧困人口集中於少數民族人群，占貧困人口的 72%，大多居住於北部和中部高地山區。

　　越南擁有豐富的自然和人文旅遊資源，其豐富的地貌、水體及動植物資源；歷史長河中兼容並蓄的多元民族文化；以及爲數衆多的世界級遺產和保護區頗受各國旅遊者的青睞。

　　目前，越南旅遊業發展速度在全球排名第六，在亞太地區位居榜首。2019 年，越南旅遊業力爭接待遊客人數達 1.03 億人次，其中國際遊客約有 1,800 萬人次，國內遊客 8,500 萬人次。越南旅遊業將繼續實施旅遊刺激政策，爲吸引更多國際遊客赴越南參觀遊覽提供便利條件。

　　越南傳統家常飲食的結構依「米─蔬菜─魚─肉」的順序減少，多維生素、少脂肪。越南人用稻米、糯米製作各種食品。蔬菜和水果僅次於米食。越南人生吃青菜，主要有空心菜、生菜、綠豆芽，還有各種香菜。越南菜調料豐富，有油、鹽、酒、飴糖、花椒、蜜、桂、薑、蔥、蒜、辣椒、芥、韭、薤、萵苣、紫蘇、蒔蘿、茴香、高糧薑、香花苣、鴨舌葉等。而河粉與酸湯是越南兩道特色菜餚。

　　在穿著服飾上，奧黛（Ao Dai）是越南的國服，「ao」源於漢語的「襖」，在現代越語裡「ao」則指遮蓋到頸部以下的服飾，而「dai」的意思是「長」。奧黛分長衫和長褲兩部分。長衫部分，腰部以上的裁剪合身，腰部以下寬敞，左右各開叉至腰部，內著寬筒喇叭褲，合身的上衣配上裙擺及長褲。直到 1986 年越南「革新開放」後，政府開始重新提倡奧黛，鼓勵女性在正式場合穿著國服，而越南男性也有傳統的服飾。

　　在婚姻禮俗上，傳統上越南京族人結婚主要有三個步驟。一是男

方家派人前去女方家了解女方生辰八字，便於求婚。男方給女方家送聘禮，聘禮中須有檳榔果，對方收下檳榔果即表示同意成親。二是經媒人談成後，訂婚人在雙方親友在場的情況下簽訂婚約，並把它放置在男方家神龕上的祖宗牌位前。三是舉行婚禮前，男方家還要向女方家送禮，其中要有一對大白鵝，它們的翅膀要用紅線捆起來，表示新婚夫婦「白頭偕老」。

在教育發展上，越南教育系統分成五級：學前教育、小學、中學、高中、大學。基礎教育時間是 12 年，主要是小學 5 年、中學 4 年、高中 3 年。依越南教育法第 44 條，越南有四個類型的高等教育系統，包括國家及區域性大學：由國家建立和監督的各所學校。研究型學院：越南人文科學研究院及越南技術科學研究院設立。公立大學：越南不同的政府部門投資資金，培育不同專業人才建立的公立大學。一般公立大學由教育培訓部建立和監督的各所學校。民營大學：由社會各經濟組織投資資金得到越南政府允許建立的大學。

在購物商場上，位於越南胡志明市的 81 層新建築地標 81（Landmark 81）落成啓用，成為越南第一高樓與新的經濟成長象徵性建築物，其中也顯示越南購物商場持續的建成。以河內市爲例，包括有盛大（Grand）、秘佩克（Mipec）、百盛（Parkson）等購物中心；位在河東郡（Ha Dong）的美林購物中心（Me Linh）都是具有高度的代表性。

在英文或華文友善環境上，越南人普遍不諳外語，商務單位（含政府機構），熟諳外語者也有限，但越南翻譯人員普遍，不僅是英語、

華語，連日語、法語、俄語的翻譯人員亦不少。一般翻譯人員每日費用約在 40~80 美元之間。有許多外商來越投資，所聘用的本地雇員，都是以前臨時聘用的翻譯人員。

在流行文化上，越南革新開放後普遍接受西方文化，尤其是重新接受美國文化。另外，亞洲強勢的流行文化，包括日本、韓國、中國流行文化也影響越南。就臺灣而言，臺灣奶茶在越南受到歡迎，另外像《夜市人生》之類的戲劇也流行。中國、日本的流行娛樂也有其市場。隨著經濟的持續發展，越南自身的流行音樂、電影逐漸自成一格。越南歌壇新人輩出，曲風也越來越多元，從早期流行音樂直接翻唱外國歌曲，到現在每年都會有幾首紅遍大街小巷的本土歌曲，越南的音樂界起飛當中。越南的電影主要放映好萊塢與越南國片。

5.4 越南經濟發展

2018 年越南的經濟成長率高達 7.1%，創下自 2008 年以來的最高，主要原因是宏觀總體的經濟情勢穩定，私人消費穩定成長，經濟結構逐漸轉型與升級，通貨膨脹逐年降低，加上外來投資對越南經營環境信心日增，以及製造業和服務業的快速成長，都讓未來的越南經濟成長備受肯定。

作為社會主義國家的越南，經濟政策由政府主導，也採取逐步開放市場的政策。越南近年通過了《關於完善社會主義定向市場經濟體制的決議》、《關於繼續重組、革新和提高國有企業效益的決議》、《關於把私人經濟發展成為社會主義定向市場經濟的重要動力的決

議》等文件，更確定了越南市場經濟發展路線。

美國「傳統基金會」（Heritage Foundation）發布之經濟自由指數排名（Index of Economic Freedom）越南在 2018 年指數排名第 141，雖然經濟自由度指數成長 0.7 點，到 53.1，不過越南的分數仍落後於本地區其他經濟體。主要是因為政府誠信度與司法有效性不足，抵消貿易自由度的分數。越南在亞太地區的 43 個國家中，排名第 35，總分低於地區和世界平均水準。但是在監管效率方面，越南的得分不錯，勞工自由度得分 60.4 分，經商自由度得分 63.2 分，金融自由度也有 75.4 的高分。但是在政府規模領域下之「財政健康」得分相當低，只有 27.3 分。另在公開市場領域上，投資自由程度得分也不高，只有 25.0 分。

在工業區方面，越南的工業區基本上分布全國各地。但是覆蓋多個沿岸省分及大城市的「重點經濟區」，其工業區數目較多。以越南最大商業樞紐胡志明市為例，成立了「胡志明市出口加工及工業區管理局」（Ho Chi Minh City Export Processing and Industrial Zones Authority, HEPZA），目前管理超過 15 個工業區和出口加工區，合計共有 900 多家企業，聘用約 17 萬個工人。隨著外商直接投資不斷湧入，該管理局致力吸引更多外資企業，目標是到 2020 年把工業區及出口加工區增至 20 個。

2011 年 2 月 11 日，越南央行突然宣布越南盾貶值 9%，從 19,500 左右貶到 20,900 越盾後，匯率才終於穩定。2015 年下半年，越南盾跟隨人民幣調整，大幅度從 21,810 貶到 22,300~22,400 之間，

幅度約 2%。回顧 2007 年以來關於越南盾及外匯存底的歷史，越南盾的表現有賴於提升製造業價值以及外匯存底的增加。

一般而言，越南經濟持續快速成長表現相當亮眼，國內生產總值成長幅度爲 4.8~9.3%，越南也正從大量農業經濟轉型到製造經濟。自 2012 年起，越南持續保持年 5.2~6.0% 的經濟成長率，這明顯反映在其人均國內生產總值上，現已超越 2,000 美元。

越南現今人口總數約爲 9,700 多萬人，中產階級和富裕消費者的人數以每年 13% 的速度成長。另外，越南在健康、教育、經濟穩定程度、網路使用上面成長快速，國內有近 43% 的中產和富裕階層人們使用網路，這相對地讓越南的電子商務有其立基點。在越南，更有超過 15% 的中產與富裕消費者透過「網路」購買商品。越南整體的經濟成長要歸功於成長快速的國外投資和出口，出口方面則是因爲外國直接投資（Foreign Direct Investment, FDI）影響，包含電信裝置零組件、紡織品、電腦和電子設備及鞋子產品外銷。

越南在新興市場中也擁有明顯的成本優勢，無論是在越南製造業勞工平均的年薪，管理層級年薪，人事成本相對較少。在國外投資方面，由於越南已簽訂多個雙邊與區域貿易協定，也吸引越來越多來自美國及其他國家的大型投資，在越南設立營運據點。在國外資金的支援下，越南的勞動力有足夠成長的空間，目前越南的生產力軸心在製造業、批發零售業及農業上面，帶來的就業人口，以及爲越南整體國內生產總值帶來成長。目前外資企業出口比例相當高，已經達到越南出口的 70%。

　　越南的投資市場吸引許多外資，有幾個產業值得注意：首先是紡織業，越南化學工業不發達，纖維原料自產比例低，人造纖維幾乎全部仰賴進口，越南致力開發國內中價位市場。其次是汽機車及零組件業，越南汽車市場仍由國外汽車大廠和與其合資之越南廠商所控制。隨經濟成長及人民所得提高，對汽車需求之前景可期。其三是電子及軟體資訊業，越南市場仍屬於成長擴張期。其四是再生能源，越南政府已頒布各項再生能源政策和獎勵措施，包括：優惠貸款、進出口關稅、企業所得稅、產業免徵土地使用費減免、資助能源科技研究活動等；同時鼓勵投資及引進技術，以發展國內電力設備行業。

　　越南主要產業包括手機、電子、機械、鋼鐵、食品加工、木材工業、紡織、鞋類、汽車、稻米、咖啡、腰果、海產、蔬菜和旅遊業。農業、工業和服務業占越南國內生產總值的比例分別為 8.3%、35.8% 和 55.8%。

　　越南於 1995 年成為東協成員，1997 年東南亞金融風暴促使經濟受挫的東協國家，提早區域貿易自由化的進程，希望藉由區域內貿易自由化來提升國際競爭力，以及保障區域經濟安全。在此機制下，越南與其他東協成員國建立既競爭又合作的經貿關係。

　　越南對於自由貿易協定（Free Trade Agreement, FTA）的簽署相當積極，試圖開拓國際貿易市場。1998 年越南加入亞太經合會（Asia-Pacific Economic Cooperation, APEC），2007 年加入世界貿易組織（World Trade Organization, WTO），2014 年簽署越南與韓國自貿協定，2015 年越南與歐亞經濟聯盟（Eurasian Economic Union,

EAEU）簽署自貿協定，2016 年越南與歐盟簽署自貿協定，2018 年末通過了《跨太平洋夥伴全面進步協定》。

在基礎建設上，越南基礎建設仍有待加強，由於越南仍為開發中國家，經濟發展程度較不進步，各項基礎建設諸如機場、碼頭、鐵路、公路等仍嫌不足，仍有許多提升空間。越南亦將基礎建設作為經濟發展之主要推動工作之一，外國政府援助資金（Official Development Assistance, ODA）亦投入相關之運輸等基礎公共建設，政府亦鼓勵國內、外民間業者以民間興建營運後轉移（Build-Operate-Transfer, BOT）和公私夥伴（Public Private Partnership, PPP）等方式投入公共工程。

在物流業上，越南致力於提升物流產業競爭力。因為高質量的物流基礎建設設施和物流服務，有助於當地分銷鏈的物質供應，以利越南各城市在貨物分銷、貨物轉運、出口運輸等，以及東南亞區域貨物分銷網路，爭取具有競爭力的優勢地位。

近年來越南物流產業發展相當蓬勃，年均成長速度達 14~16%。目前越南全國共約有 3,000 家企業投入物流服務，其中 70% 企業設立於胡志明市。投資物流業的企業規模都比較小，註冊資金在 43 萬美金（100 億越盾）以下，就占有 90%，註冊資金在 430 萬美金（1,000 億越盾）以上的僅占企業的 1%。由於規模小，越南物流業難以開拓在規模上所帶來的巨大效益，也難以吸引高素質人才與新進科技的投入，來擴大市場規模。

在貿易結構上，越南貿易主要的產業是手機、電子、機械、鋼鐵、食品加工、木材工業、紡織、鞋類、汽車、稻米、咖啡、腰果、海鮮、蔬菜和旅遊業。而主要出口產品為手機、紡織品、電子產品、機械、鞋類產品、運輸產品、木製品、海產品、鋼鐵、原油、胡椒、稻米和咖啡。主要出口夥伴為美國（20.1%）、中國（14.5%）、日本（8.0%）、南韓（6.8%），以及其他（50.6%）。主要進口產品為機械設備、手機、石油產品、服裝和製鞋工業原料、電子、塑料、汽車、金屬和化工產品，主要進口夥伴為中國（25.8%）、南韓（20.5%）、日本（7.8%）、泰國（4.9%），以及其他（41.0%）。

值得一提的是，在中美貿易摩擦下，越南正逐漸受到投資和貿易移轉的效果。一則中國正逐漸失去國際投資，以及已經在中國投資者也逐漸移到越南。二則中國轉單到越南生產越來越明顯，或是美國企業要求在越南生產，這都讓越南企業生產線產能增加了三成。

5.5 越南不動產市場發展與潛力

越南在房地產的發展算是相對便宜的和比較有競爭的，這值得關注。從 1986 年開始，越南開放改革，越南房地產歷經過 1997 年亞洲金融風暴、2008 年美國次貸風暴，和 2012 年的歐債危機，總共遭遇有三次崩盤的侵襲。以 2008 年的最高點為例，蛋黃區房價曾漲到 4,000~8,000 美元的高點，但至今房價仍未回復至 2008 年時的高點。另外，匯率問題也是越南房地產的焦點，越南資產價格皆是以越盾計價，越盾匯率近 10 年對美元走勢，從 19,000 越南盾跌至 22,300 越南

盾，跌幅約 16%。因房地產市場崩盤及匯率大跌兩項因素，越南房價算是東協中價格相對較為便宜的。

2015 年 7 月 1 日，越南《住房法》修正案正式生效，越南房地產法規開放外國人投資買賣房地產。之後住宅每年平均漲幅達 20% 以上，辦公室、店面漲幅超過 30%，相當顯著與具體。

在土地使用上，越南 1987 年制定首部《土地法》，1993 年制定第二部《土地法》，1998 年對第二部《土地法》進行修改和補充，2003 年頒布第三部《土地法》。值得注意的是，越南現行土地法規定：土地所有權屬於國家，不承認私人擁有土地所有權，但集體和個人可對國有的土地享有「使用權」。國家統一管理土地，制定土地使用規章制度，規定土地使用者的權利和義務。土地使用期限分為長期穩定使用和有期限使用兩種情況。對於有期限使用的土地，其使用期限分為 5 年、20 年、50 年、70 年和 90 年不等。

在不動產市場狀況與成長方面，越南房地產面積以平方公尺計算，目前胡志明市蛋黃區的房價落在每平方公尺約 15 萬臺幣左右（每坪約 45 萬），租金淨投報率約在 8%（扣除物業管理費），銀行貸款利率約在 10~12% 左右（社會住宅貸款利率 4.8%），以全國平均 15% 房價增長率來看，每年報酬率約在 11% 上下，投資越南房地產當個包租公，也是個不錯的選擇。如以胡志明市、河內、峴港三大直轄市來說，房價平均的增長率更超過 20%。

一般說來，在租金投資報酬率上，越南目前的租金回報率還是相對有吸引力，胡志明市平均年租金回報率可以達到 7~9% 左右（尚未

扣除管理費），遠高出目前東京、臺北、香港等城市的投報率。即使扣除管理費等雜項，淨回報率也有 6~7% 左右，再加上每年 15% 的上漲幅度，增值空間極大。

在辦公室租金方面，胡志明市的辦公室租金年年上漲，每平方公尺達 50 美元以上。2018 年第一季度，甲級和乙級辦公室每平方公尺的租金分別爲 39.71 美元和 22.35 美元。由於需求增加，甲級和乙級辦公室的租金每年均有所成長。而且租戶現在越來越多元化。大部分租戶主要來自傳統服務，例如服務業（26%）、製造業（14%）、銀行業和金融業（9%）。而來自資訊科技（Information Technology, IT）（14%）、共同工廠（Common Workspace）（7%）和電子商務（5%）等新興行業的租戶數量較多。

在投資越南房地產風險上，需注意三個風險：一是需要注意越南政策法規的變動，因爲越南房地產未完全成熟，相關法規常會有變更需要。二是要注意房地產市場泡沫的可能性，觀察人民對房價負擔能力與需求，多少可以掌握到市場泡沫風險。三是包租的假象，以及投資報酬率的高低狀況。

5.6 結語：崛起中的越南

越南是當前世界發展極爲快速的國家，越南文化融合了法國、美國，與中國的文化特色，讓越南成爲一個擁有浪漫、理性和禮儀特色的國度。也因爲越南的獨特歷史與發展，讓越南出現獨具的浪漫、傲慢和散漫的現象。儘管如此，越南的經濟崛起，逐漸重視資本主義的

價值，追求競爭、積極、開放、多元、企業精神、現代、理性、國際化等，卻是有目共睹的轉變，如何重新站上國際舞臺，吸引世人的目光，將是越南發展的重要策略。

對越南人的民族性格與文化之了解，也是臺灣前進越南投資的重要資訊。越南所具有的民族性格與文化特徵可以看到來自不同歷史時期留下的烙印，也是其民族文化與外來文化融合和碰撞的結果。「北屬」歷史所造就的獨立意識、敏感戒備心理，以及在中原文化薰陶下形成的重義輕利、仁愛寬容、謙恭禮讓、尊老愛幼、中庸和諧、行善戒惡、心懷感恩等價值觀念，也成為越南民族性格的核心要素。

越南民族性格具備能屈能伸的色彩，隨著「南進」的推進，越南民族性格表現出對外擴張、英勇尚武的特點，兼具細膩柔和、靈活多變的特性。在反抗法國殖民入侵過程中，越南民族性格中的愛國主義、反抗精神、「無敵」思維開始迸發，越南民族性格的浪漫主義則在西方文化的衝擊中得以形成。接著越南大戰驅逐美國在越南的軍事勢力，完成南北越的統一。現在又面對中國崛起，越南強硬與高漲的民族主義，在愛恨交接下，「仇中」與「懼中」情結又隨之提升，也值得進一步關注。

第 **6** 章

菲律賓
委外服務業新商機

菲律賓共和國
（Republic of the Philippines）

- 國花：茉莉花
- 國樹：納拉樹

體制與領導人	共和制（總統制） 總統：羅德里戈·杜特蒂 副總統：萊妮·羅布雷多	**國內生產總值（GDP）**	2,928 億美元（2015） 3,049 億美元（2016） 3,136 億美元（2017） 3,578 億美元（2018）
土地面積	29.97 萬平方公里 （約臺灣的 8.32 倍）	**人均 GDP 所得**	2,878 美元（2015） 2,950 美元（2016） 2,988 美元（2017） 3,301 美元（2018）
人口	1.047 億人（2018）	**GDP 經濟成長率**	6.1%（2015） 6.9%（2016） 6.7%（2017） 6.8%（2018）
族群	比薩揚人（33.8%）、他加祿人（27.7%）、伊洛卡諾人（9.8%）、比科拉諾人（6.8%）、莫洛人（5.1%）、邦板牙人（3.1%）、邦阿西楠人（1.4%）、華人（1.2%）、三寶顏人（1.1%）、其他（8.8%）	**通貨膨脹率**	0.7%（2015） 1.3%（2016） 2.9%（2017） 6.4%（2018）
首都	馬尼拉（被稱為亞洲的紐約）	**產業結構**	農業（9.4%） 工業（30.8%） 服務業（59.8%）
語言	菲律賓語、英語可通	**貨幣單位**	菲律賓披索（PHP）
宗教	天主教（83%）、基督新教（9%）、伊斯蘭教（5%）、其他（3%）	**匯率（兌換美元與臺幣）**	52.8 披索（兌換 1 美元） 1.71 披索（兌換 1 臺幣）

資料來源：維基百科、世界銀行、CoinMill.com。

資料來源：臺泰交流協會彭淑菱祕書製作。

6.1 菲律賓地理與歷史背景

菲律賓共和國（Republic of the Philippines）簡稱菲律賓，位於西太平洋的一個群島國家，也位於環太平洋地震帶上的熱帶國家，常年飽受地震與颱風之苦。然而，其氣候環境也造就了豐富的自然資源和生物多樣性。

菲律賓位於臺灣的南方，中間隔著大約 250 浬寬的巴士海峽（the Bashi Channel），菲律賓稱巴士海峽為「呂宋海峽」（the Luzon Strait）。菲律賓西隔南中國海與越南相望，東邊是菲律賓海，面向太平洋，南隔西利伯斯海與印尼相望。基本上菲律賓座落於北緯 5 度與 21 度之間，及東經 117 度及 127 度之間。對臺灣來說，除了中國外，菲律賓是距離臺灣最近的國家。

菲律賓是一個島嶼國家，共有 7,107 個島嶼，相當罕見。而在 2016 年 2 月又重新發現 400 多島嶼，目前已經證實有超過 7,507 個島，被稱為「千島之國」。主要有呂宋島、維薩亞斯群島和民答那峨島三大島群。

菲律賓的人口超過 1 億 470 萬人，是東南亞地區人口第二多的國家，僅次於印尼。就亞太地區而言，僅次於中國、印度、印尼、巴基斯坦、孟加拉，及日本，是人口第七多的國家。就全世界而言，是人口第十二大國，也是世界第十二個人口超過 1 億的國家。

菲律賓的土地面積共有 30 萬平方公里，約是臺灣的 8.32 倍，每平方公里的人口大約有 308 人，遠低於臺灣的每平方公里的 668 人。

可是，菲律賓有 55% 的人口都集中在呂宋島，該島大約有 5,000 萬人，每平方公里有 441 人。因此，呂宋島是菲律賓人口最多，最擁擠的島嶼，而首都馬尼拉（Manila）是菲律賓政治、經濟及文化的中心。目前，馬尼拉大都會區人口是菲國人口最擁擠的區域，也是亞洲人口排名第七多的都會區。

　　菲律賓歷史主要歷經了西班牙統治、美國統治、短暫日本統治，以及獨立時期。1521 年麥哲倫航海探險隊抵達菲律賓，隨後西班牙人於 1565~1571 年陸續占領菲律賓，在 1571 年西班牙人侵占呂宋島，建馬尼拉城，開始展開長達 327 年的西班牙統治，直到 1898 年淪為美國的殖民地。受到西班牙統治影響，菲律賓人基本上擁有西班牙姓氏，也具有拉丁樂觀的文化，因此被稱為亞洲的拉丁美洲國家。

　　1898 年爆發美西戰爭，西班牙被美國打敗，簽署巴黎合約，美國政府給西班牙 2,000 萬美元購買菲律賓主權，菲律賓開始進入美國殖民時期。1935 年，美國容許建立菲律賓自治區。美國對菲律賓的政治和社會文化遺產影響相當明顯，除了美國政治體制、生活方式外，菲律賓人會說英文，以及可以合法擁有槍枝。

　　之後爆發二次世界大戰，日本短暫統治了菲律賓，建立近三年的「傀儡政權」（1942~1945）。在 1946 年 7 月 4 日菲律賓獨立，獨立後的菲律賓，也受到西班牙和美國殖民政治文化遺緒的影響，出現菲律賓政治家族與政治權貴掌握權力運作，只是形式上殖民者讓出中央政權，轉變成政治家族角逐菲國政治權力而已。

6.2 菲律賓政治體制

當代的菲律賓政治發展，應該從西班牙人殖民開始，因爲在 16 世初期以前，今天的菲律賓地區，就如大多數的東南亞國家，是一個許多部落或當地土著王國所占領及統治的地區，他們之間只有「平行」的關係，並沒有「上下」的隸屬關係，一直到西班牙人大航海家麥哲倫（Ferdinand Magellan）於 1521 年 3 月 16 日到達菲律賓的沙瑪島（Samar）之後，才開始改變當地的政治情勢。

西班牙人在統治菲律賓長達 300 多年下，對菲律賓的政治影響也相當深遠。就政治發展而言，西班牙人時期所遺留下來的制度、大地主、家族政治、恩從關係、買官賣官等，直到如今都影響菲律賓的政治運作及政治發展。其中最明顯的就是菲律賓政治的恩從關係，這是指一個高位者擁有一些下位的跟從者；在高位的人提供資源、利益，及保護給跟從他的人；而下位的人，就對在上位的人提供忠誠、服從及服務。菲律賓的家族政治亦相當明顯，這是東南亞地區最爲特殊的國家。

1898 年由於古巴的獨立事件，而引發美國與西班牙的戰爭；西班牙戰敗之後，就將菲律賓以 2,000 萬美金的代價，賣給美國，從此美國就成爲菲律賓的殖民主人。美國人統治菲律賓是採取菲國自治的政策。1916 年「瓊斯法案」（the Jones Act of 1916）通過後，所有的參議員及眾議員都是由普選產生，菲國的立法機構就開始完全的自治。1946 年 7 月 4 日才正式宣布獨立，是東南亞地區第一個殖民帝國以和平方式允諾殖民地獨立的國家。

　　美國雖然僅統治菲律賓 50 年，可是這段時期卻是美國開始成為世界霸權的時期，菲律賓雖然是美國的殖民地，卻享有美國許多好處及資源，菲律賓不僅沒有殖民國被剝削的情景，反而由於美國的富強，其發展傲視其他東南亞國家。美國文化所帶來的影響亦無遠弗屆，直到如今，菲律賓人的英語聽寫能力，仍是東南亞地區最有優勢的，這就是美國殖民所帶來的資產。

　　在菲律賓政治上，比較麻煩的是南部的民答那峨島（Mindanao）。民答那峨島，是菲律賓社會的另一個特色，這個以伊斯蘭教徒居多數的島嶼，與菲國其他的天主教社會，有很大的差異。事實上，早自西班牙人殖民開始，民答那峨島的人民就一直與馬尼拉的統治者，有著嚴重紛歧。主要原因，就是他們希望擁有一個自主及自治的地區，他們認為民答那峨島人民的語言、文化及宗教信仰，本來就與菲律賓其他島嶼的人，有相當大的不同。這些組織游擊部隊，長期與政府對抗。自本世紀初，中東地區的蓋達（Al Kaeda）恐怖組織與當地游擊隊暗通款曲。如此，更增加當地社會的複雜度與困難度，2015 年 1 月菲國警方突擊隊就曾在南部偏遠鄉鎮襲擊摩洛伊斯蘭解放陣線，造成雙方嚴重傷亡。

　　菲律賓是亞洲最早實行政黨政治國家，也素有「亞洲民主櫥窗」。在自治時期，菲律賓國民黨一黨執政，但在獨立前夕 1946 年一直到1972 年，都是國民黨與自由黨輪流執政，1973 年到 1978 年政黨政治中斷，1978 年後恢復黨派活動。1986 年後，菲律賓政黨政治空前活躍，出現多黨政治發展。菲律賓政黨組織比較鬆散，意識型態不明確，

黨內派系鬥爭激烈，常出現分裂。

　　菲律賓目前主要政黨有人民力量黨（LAKAS-NUCD）、菲律賓民主黨－人民力量（PDP-Laban）、自由黨（LP）、民族主義人民聯盟、力量－全國基督教民主聯盟、爭取民主黨等。因為各政黨之間的黨綱基本主張沒有太大差異，讓各個議員基於自身利害關係考量，常會出現遊走於各政黨之間的現象。

　　在體制上，菲律賓是一個共和制國家，實行三權分立的總統制。根據 1987 年通過的菲律賓憲法規定，總統任期只有一任六年，而且總統候選人必須滿 40 歲，出生於菲律賓的公民，並在選舉前要在菲律賓居住至少 10 年時間。總統是國家元首、政府首腦、兼武裝部隊總司令。菲律賓從 1901 年以來至 2018 年，歷任總統有 16 位，但自1946 年獨立建國以來，則有 12 位總統。目前總統是第 16 任的杜特蒂，不同於傳統上來自呂宋島的總統，因而被稱為是「菲律賓川普」。

　　馬拉坎南宮（Malacañan Palace）是菲律賓的總統府與總統官方居所，這是一座純西班牙式宮殿，18 世紀由一位西班牙貴族建造的，宮殿內的廳堂裝飾富麗堂皇、清新淡雅，極富藝術魅力。走廊上懸掛著歷屆菲律賓總統的肖像，以及菲律賓和西班牙畫家的名作。

　　菲律賓國會由參議院和眾議院兩院組成，參議院有 24 席，任期六年，連選得連任一次。參議員由全國普選產生，每三年改選半數。候選人必須年滿 35 歲，以及在菲律賓須居住兩年以上。主要職權是條約批准權、彈劾權、戒嚴令取消權、人事任用同意權等，目前參議院議長阿基利諾（Aquilino Pimentel III）。參議院猶如總統成為總統

的跳板，在歷任 16 位總統中，有 10 人曾任參議員。

眾議院則有 297 席，任期是三年，得連選連任兩次。候選人必須年滿 25 歲，以及在菲律賓須居住滿一年以上。眾議院的 238 席是全民直選，其餘 59 席則由各政黨席次比例推舉。主要職權草擬預算、關稅、發行公債等相關法案，以及彈劾發起權。目前眾議院在 2018 年選出前總統阿諾育（Gloria Macapagal-Arroyo）為新科眾議長，取代原眾議長阿爾瓦雷茲（Pantaleon Alvarez），也是菲國首位女性眾議長，也曾擔任總統的眾議長。

6.3 菲律賓社會文化

菲律賓曾受西班牙及美國的殖民統治，又是東南亞地區及亞太地區唯一的天主教國家，因此，菲國可謂是亞太地區受西方文化影響最深的國家。菲律賓雖位於東南亞區域，但整個社會文化特徵卻較為類似拉丁美洲國家。對菲律賓來說，好像有點生錯地方、地區與文化認知錯置的感覺。

菲律賓也是世界上擁有最長的聖誕季，從 12 月 16 日便開始，甚至是世界上僅次於巴西的第二大天主教國。在菲律賓有四座巴洛克風格的教堂，已經列為世界文化遺產，分別座落馬尼拉、聖瑪麗亞、帕瓦伊和米亞高。

在宗教方面，菲律賓的天主教徒占菲律賓人口 83%，相對於基督教只占 9%，也是信徒成長最快的宗教，以及伊斯蘭教徒僅占 5%，

主要集中在民答那峨島。天主教對菲律賓的政治與社會都發揮很大的影響力，甚至對於馬可仕和艾斯特拉達兩位總統的下臺，都有天主教的政治作用，讓菲律賓更像個「政教合一」的天主教國家。

菲律賓社會因為受到天主教影響甚鉅，所以天主教教義規範深深影響到菲律賓的生活文化，例如，天主教義嚴禁避孕、亂倫、同性戀、自殺等，更是重視家庭關係。特別是在天主教的教義裡，男女之間的結合是由上帝所賦予，只要性行為使用人工節育的方式，如避孕藥、保險套、子宮內避孕器等，便是違反自然，違反神的旨意，是不被允許的。菲律賓人口成長之所以快速，可能跟天主教宗教信仰有關。

同時，菲律賓人的家庭觀念很重，以家庭為中心的社會規範特別重視。每個禮拜天都要上教堂作彌撒，而當天也都是家庭日，如果要跟菲律賓朋友約會的話，千萬要避開禮拜天。在重視家庭觀念下，也間接造成菲律賓成為勞動力輸出大國，因為要照顧家庭成員和改善家庭經濟，可以為家庭奉獻犧牲出外工作，特別是赴海外工作賺錢，匯錢回國來養家的情況，便相當普遍。

菲律賓的國語是菲律賓語，也就是「他加洛語」（Tagalog），主要是以馬尼拉地區人口為主，並不是很普遍，大約占全國三成的人口使用。基於此，英語被指定為重要使用語言，廣泛使用於商業、教育和司法。大部分的菲律賓人都會使用英文，讓菲律賓英文化的程度很高。

在菲律賓社會最主要的特色就是「家族」文化。有些學者甚至認為，菲國的政治就是由 200 多個大家族的控制，因為這些大家族的成

員，本來就是相當眾多，再加上他們的親戚關係網絡，就形成一個綿密的政治關係網絡。這些家族關係網絡加上宗教關係網絡，形成一個更為可觀、更具有影響力的人際關係結構，造成菲國的寡頭政治及貧富懸殊的社會現象。

富人家族藉著政治關係網絡，當選行政首長或各級民意代表，然後就藉著這些行政職務，掌握及分配國家的經濟資源，享受到好處的，當然就是以這些家族成員為主。這些家族成員再運用其經濟資源及政治職務，擴大其政治影響力，以獲得下次選舉的勝利。因此菲律賓人對於家族姓氏相當清楚，特別是那些有名的大家族姓氏。例如第 14 任菲律賓總統阿諾育夫人（Angela Macapagal-Arroyo），就出自一個名門世家，她的父親馬加巴皋（Diosdado Macapagal）就曾擔任菲律賓的第 5 任總統（1961~1965）。又如前任總統艾奎諾三世（2010~2016），其母親艾奎諾夫人也曾擔任過第 11 任總統（1986~1992）。一直到現在，這種由西班牙殖民時期所遺留下來的模式，仍然影響當代的菲律賓社會政治。

菲律賓人文社會的最大特點，就是天主教文化，不論在馬尼拉都會區或鄉間小鎮，都可以看到大大小小的天主教堂，每到星期日，菲律賓人的一項主要活動，就是到教堂做禮拜，不論在城市或鄉下，都是如此。甚至連到海外工作的移工，都要在週日上教堂。天主教不僅是宗教信仰，也是生活文化的一部分。天主教對菲律賓的教育，亦有相當大的影響，從中學到大學，菲律賓全國各地都有天主教會興辦的學校。

菲律賓天主教會的信徒之間，有一個非正式的組織系統，這就是「屬靈父親」（the spiritual father）的制度，這是指教會年長或信仰較資深的教徒，可以認養一些年輕或信仰較資淺的信徒，類似教父或教母。這種關係在教會相當普遍，是一種互相照顧、互相扶持的關係，由於共同的信仰，彼此在信仰及生活互相照顧。這種教會內部的制度或組織體系，非常具有信仰的意義，當然也具有社會及政治的意義，因為這也是一種人際關係網絡。

6.4 菲律賓經濟發展

長期以來，菲律賓被認為是由一部分的「富裕階層」和大多數的「低所得階層」所組成的二元社會貧富的懸殊差距。亞洲開發銀行就曾指出，菲律賓金字塔頂端 10% 最有錢家族，囊括了國家超過三分之一的總收入，貧富差異不僅顯現在收入上，還存在於土地分配、福利和人類發展等方面。

同樣地，世界銀行的研究也發現，菲律賓 20% 的最富裕人口，消費額比最貧窮的 20% 人口高出 8 倍以上。在 2006 年柏林影展獲得最佳短片的《一盤炸雞的珍惜》（*Chicken ala Carte*），是菲國導演 Ferdinand Dimadura 所拍攝的 6 分鐘短片，反映菲律賓社會的真實面，博取許多人的同情及眼淚，可見貧富差距的難題。

不過人口增加率過高，也恐將因就業機會無法跟著及時增加，而使貧窮、失業問題變得更為嚴重。實際上，在菲律賓，人均月所得落

在約 10,000 披索（約 6,900 臺幣）以下的貧窮階層比率約達總人口數的 25% 上下，失業率在新興國家中也落在偏高的 7% 左右。而總就業人口中無法獲得滿意工資的比率將近二成。這樣的貧窮、失業問題，進一步引發治安惡化，以及民粹政治興起等弊端。這也是解釋菲律賓經濟的最大強項，正是高達總人口數一成的海外工作者（OFW），約高達 1,000 萬人以上，其海外匯款流入金額占有菲律賓 GDP 約一成，高達 250 億美元。

在海外工作者穩定的海外匯款流入，其薪資收入高於平均的中產階級收入的人數逐年提高，有助於國債的償還，並有額外收入，加上近年來「委外服務產業」（Out Sourcing），如客服中心、IT 委外業務等企業流程委外（BPO）的擴大出口，也加速了經濟成長率。這種種因素都改善了就業機會，使中產階級得以擴張，又提高了其消費意願。

在貧富差距如此大的菲律賓，居然還有 SM 亞洲購物中心（SM Mall of Asia），號稱「亞洲最大購物中心」（在 2018 年 11 月已經被曼谷暹羅天地趕上），很不可思議。這齊聚各式美食餐飲、國際品牌與展示中心，週末假日成為馬尼拉在地居民購物消費所在，讓馬尼拉成為購物天堂般。這位於菲律賓馬尼拉巴賽區灣岸的 SM 亞洲購物中心，距離機場不遠，占地約有 60 萬平方公尺，相當於 8 個東京巨蛋的大小，擁有超過 600 間商店，大到足以讓人迷路，甚至逛到腿酸腰疼，值得去看看。

另外，由於菲律賓曾是美國的殖民地，美式消費風格也在此生

根，因此以馬尼拉大都會爲主，許多美式大型購物中心陸續開幕。菲律賓曾被美國統治，因此文化與其他東協國家明顯有所不同，在飲食習慣上也可見到美國和西班牙的深刻影響。

　　菲律賓在過去七年的經濟成長，年平均成長率超過 6%，在東協國家中名列前茅。在支出方面，內需市場的消費乃是驅動菲國經濟成長的主因，占菲律賓 GDP 的支出八成以上，其中以家計消費和私部門投資營建業最爲重要。家計消費成長主要來自於僑匯及商業流程外包服務發展所致，同時也刺激營造業、零售業，和餐飲業的蓬勃發展。在建設方面，私部門建設占總建設的八成，公部門建設只占兩成而已。

　　基本上，在菲律賓的生產面上，服務業仍是菲國經濟成長的主要動力，在 2018 年服務業占菲律賓的 GDP 的 59.8%，約占就業人口的 56%。其中商業流程外包服務在 2018 年之收益便高達 235 億美元，預估到 2022 年前將維持 9% 的平均成長率。而製造業只占 GDP 的 19.6%，其中商品類的出口金額高達 84%，農業則只占 GDP 的 9.4%，就業人口卻占 27%。

　　由於經濟穩定，加上強勁的經濟成長率和國家財政政策，包括稅收改革提案，因此 2017 年 12 月惠譽（Fitch）上調菲律賓主權債務評級從 BBB– 調升一級至 BBB，展望爲「穩定」。經濟學家將此稱之「杜特蒂經濟學」，菲律賓不僅史上空前要造價 70 億美元的馬尼拉地鐵，解決馬尼拉通勤族的交通惡夢，以及杜特蒂總統施以嚴刑峻法對抗毒品交易，雖然引起國際關注，但卻贏得民心，維持社會穩定，也活絡

國內企業投資，推動馬尼拉單軌列車、收費公路、防洪項目、馬尼拉機場擴建案等。

杜特蒂總統提出「十點社會經濟議程」（Zero-to-Ten Points Socioeconomic Agenda）計畫，內容包括加速基礎建設投資、放寬憲法外資限制、保障私有土地、強化教育、提高稅務改革及改善社福制度等，但提高油類產品貨物稅、汽車從價稅、擴大加值稅增收範圍，以補足降低個人所得稅，降低貧富差距。

再者，延續上面的「十點社會經濟議程」，菲律賓經濟發展署（NEDA）於 2017 年 2 月批准「2017~2022 菲律賓發展計畫」，作為菲律賓中程發展的藍圖，期盼創造更多包容性的成長，試圖將 GDP 成長率提升到 7~8%，貧窮率由 21.6% 降為 14%，而失業率由 5.5% 降為 3~5%，最終使菲律賓在 2022 年以前成為中高所得的國家。

菲律賓投資署（BOI）於 2017 年公布之「2017 年投資優先計畫」，施行期間 2017~2019 年，對於出口企業給予六年所得稅假期，並視其出口表現再延長兩年優惠。不具先驅地位的出口企業則給予四年所得稅假期，並視其出口表現再延長兩年優惠。主要的獎勵項目包括：1. 製造業（包含農產加工）；2. 農林漁業；3. 策略性服務業；4. 基礎建設及物流（包含與地方政府進行公私夥伴合作）；5. 健康照護服務；6. 大眾住宅；7. 共榮經濟模式（inclusive business models）；8. 環境及氣候變遷；9. 創新驅動產業；10. 能源。

在菲律賓，華人所占的人口比例很低，約有 1.2%，大約有 120 多萬人，卻是主要財閥的經營者，幾乎掌控了菲律賓六成的經濟。根

據 2016 年《富比世》（*Forbes*）的菲律賓富豪排行榜中，前十名就有六位是華人。分別是第一名的施至成（Henry Sy）、第二名的吳奕輝（John Gokongwei, Jr.）、第四名的陳永栽（Lucio Tan）、第五名的鄭少堅（George Ty）、第六名的陳覺中（Tony Tan Caktiong）、第十名的吳聰滿（Andrew Tan）。

華人在菲律賓經濟上的影響極大，華人活絡菲國經濟，不僅創造了就業機會，也全方位影響菲人的生活。例如，生力集團（San Miguel Corporation）的許寰哥財閥，主要以生產啤酒；以大型超市（零售通路）爲主 SM 集團的施至成（Henry Sy）財閥，光在菲律賓就有超過 60 間的購物中心，是菲律賓的首富，《富比世》2018 年之排名全球富豪排行第 52 位。

其他富豪所經營的事業，更是完整支撐著菲律賓的經濟發展。如菲律賓最大的銀行金融銀行（BDO）、菲律賓國家銀行（PNB）、菲律賓航空（PAL）， 菲律賓最有名的生力啤酒（San Miguel）、快樂蜂（Jollibee）、燒烤先生（Mang Inasal）等，全部都是由華人所經營。相對於曾經風光一時的西班牙財團，如今只剩開發不動產聞名的 Ayala 財閥而已，其他產業勢力逐漸消退中。

觀光旅遊業也是菲律賓重要的產業之一，因爲國內有許多自然風光和古蹟，尤其是島嶼、海灘、潛水、溫泉、大洞穴、火山、洞窟、梯田等，又加上殖民文化遺產和世界自然遺產，並興建大量建築，旅遊資源豐富。如馬尼拉、長灘島、宿霧、愛妮島、碧瑤、科倫、薄荷島等，2017 年約吸引 700 萬的外來遊客。根據菲律賓統計署（PSA）

資料，2017 年全年觀光收益達 1.93 兆披索，約臺幣 1.14 兆，約占 GDP 的 12.2%。而觀光產業吸收就業人口約達 500 萬，占勞動力人口約 12.7%。菲律賓 2018 年主要三大遊客來源國是韓國（約 134 萬人）、美國（約 78 萬人）和日本（約 50 萬人），而來自臺灣的遊客約只有 18.5 萬人。

近年來菲律賓經濟雖有所成長，卻仍然存在著幾個弱點，值得注意。

第一個弱點，便是基礎建設品質低落。根據瑞士世界經濟論壇（WEF）的評價，菲律賓的基礎建設品質在東協六個主要的國家中僅優於越南。就細項來看，更發現對出口型製造業至為重要的鐵路、港口、機場，也就是與物流相關的基礎建設的評價，在東協主要六國中甚至被評為最低，有關於菲律賓的基礎建設，特別是交通運輸建設，就算和其他東協國家相比所得到的評價也明顯偏低。杜特蒂深知，菲國發展停滯不前的主因是基礎建設如癌症末期，近期更提出「建設、建設、建設」（Build, Build, Build）大計畫，而亞洲開發銀行（ADB）更決議一直到 2022 年，要持續投入 1,800 億美元協助菲律賓改善基礎建設，預估創造 170 萬個工作機會，刺激經濟成長。但此計畫案 80% 的資金來自於貸款，且稅改所產生的新收入也不到所需要的 20%，其中大部分資金將來自於中國。但中國貸款利息通常是 2~3%，遠高於日本的融資利息，這可能會帶給菲律賓沉重債務。

第二個弱點，每年逼近菲律賓的颱風約有 20 個，其中 6~9 個會登陸，但由於防洪排水設備尚未完備，導致菲律賓頻繁發生嚴重的水

患。這類的颱風災情,對農業、工業、物流等各方面有時會造成嚴重的不良影響。外資企業在考慮廠址時,最好能先仔細確認過往的受災情況。

第三個弱點,則是人口增加率過高。根據聯合國統計 2000~2010 年為主,菲律賓的年平均人口增加率為 1.9%,比起泰國的 0.6%、印尼的 1.4% 要高出許多。一般來說,人口增加率高,也就意味著勞力供給充裕,因此可對經濟成長帶來正面影響。儘管菲律賓的勞動力十分豐富,但今後隨著工資水準更低的越南及緬甸的興起,菲律賓作為勞動密集型產業據點的地位可能會逐漸下滑。為此,菲律賓未來必須朝向資本密集型產業發展,並培育能夠承擔起該產業的人才。

最後,外資企業若想進入菲律賓市場,就必須留意「看得見的障礙」與「看不見的障礙」。所謂「看得見的障礙」,就如依憲法、法律、否定列表等所規範的外資持股比率限制、最低資本額的設定等。菲律賓的零售業相關限制相較於亞洲各國各為嚴苛,只允許一定規模以上的企業進入市場。而「看不見的障礙」,指的是並未文明規範的障礙。例如,菲律賓市場實際上是由好幾個當地大型財閥旗下的零售業及食品製造商所支配,因此若想在當地發展零售業,就得與本地的有利財閥建立起關係,這點非常重要。當計畫進入在新興國家成長顯著的領域時,不僅要注意政府所發布的明文規定,還必須像這樣配合當地的商業習慣,探討進入市場的型態。

舉例來說,菲律賓的速食店,最有名的就是在國內擁有 750 家以上分店的本地連鎖速食店快樂蜂(Jollibee)。只要有快樂蜂在的

地方，麥當勞在菲律賓就無法拿下市占率第一。主要原因是帶有甜味
又厚重的調味醬醋肉（Adobo），還有香蕉醬（Banana Catsup），當
地人普遍會將這種帶有甜味的調味料當成沾醬等使用。而快樂蜂的成
功，主要在於業者能夠精準抓住當地人對甜味的喜好，開發出相關商
品。外資企業在進入菲律賓當地市場時，只要像這般去關注當地企業
的動向，以及在地特有的飲食文化，或許就能找到拓展嶄新事業版圖
的線索。

6.5 菲律賓不動產市場發展與潛力

　　菲律賓的富裕階層極度集中在呂宋島中部的馬尼拉首都圈，主要
是由馬卡蒂市（Makati City）、奎松市（Quezon City）等 16 個城市
組成的馬尼拉大都會，簡稱「大馬尼拉都會區」（Metro Manila）。
根據聯合國的資料，馬尼拉大都會是擁有 2,000 萬人口的巨型城市，
排名世界第六，足以與印尼的雅加達、南韓的首爾、印度的德里、中
國的上海等大都市匹敵。

　　再者，菲律賓馬尼拉的房市後市也被看好，主要是菲律賓連續六
年 GDP 成長率超過 6%，菲國人口又破億，東協人口第二大，其人均
GDP 正準備突破 3,000 美元，進入內需高速成長期，大馬尼拉人口超
過 1,200 萬人，強勁的租屋市場，每年享有 6% 的租金投報率，馬尼
拉精華區的房價又比鄰近國家低，甚至只有臺北市的三分之一，對外
國人置產也無太多限制，以及政府目前更無打房政策。

　　基本上，菲律賓房地產的消費族群主要來自兩部分：一是來自外來的長駐者和投資者，另一是來自內需買盤強力支持，國內買家占消費者總量的五成。根據全球房地產指南指出，在 2014 年，菲律賓房地產的漲幅相當驚人，排名世界第五。

　　以馬卡蒂市（Makati）為中心點，馬尼拉大都會內興起同心圓狀的建設熱潮，富裕階層也集中在此。實際上，馬尼拉大都會的名目區域生產毛額（GRP）約為其他地區 GRP 平均的 10 倍左右，以馬卡蒂為核心的馬尼拉大都會，正式推動菲律賓消費市場，特別是高端消費的要角。根據統計，馬尼拉大都會擁有高達 25 個購物中心，主要是由地方財閥經營。其中，林立著好幾個亞洲最大等級的商場，像是 SM Megamall、SM City North EDSA 等。

　　因為經濟改善創造出的需求，菲律賓房地產領導品牌 Ayala Land《2017 年度財報》，2017 全年海外銷售金額大幅成長 32%，占其總銷售額的 34%（約 1,220 億菲幣）。而明顯成長的海外買家則是來自大陸，以 2016 年來看，來自大陸的買家只占總銷售額 2%，而 2017 年大幅成長 6 倍至 12 倍（約 147.6 億菲幣）。菲律賓房地產，以下幾點值得觀察：

1. 房價還在上漲

　　菲律賓國民平均所得剛過 3,000 美元，依據臺灣經驗，在國民平均所得 3,000~10,000 美元這段期間，是中產階級購買力最強的時候，尤其以民生內需為首的房地產業最受惠。參考過去數據，菲律賓馬尼拉房價平均年漲 10~12%，相對其連續五年 GDP 成長率 5% 的表現，

房市相當健康成長。

2. 租屋需求仍旺

馬尼拉近年發展外包產業，被譽為國際外包產業首都，主要為客服中心。目前光在馬尼拉金融中心 Makati 註冊企業高達 62,000 家，外包產業公司有 1,200 家，是全球外包公司最密集城市之一，且每年進駐企業還在增加。假設每家外包公司有 200 名員工，光 Makati 的租屋需求即有 24 萬名。目前 Makati 的租屋行情為 1,000 ／平方公尺（菲幣），換算約 2,30 ／坪（臺幣），與臺北市租屋行情不相上下。

3. 投資住宅首選馬尼拉新區

在市中心過於擁擠的現況下，近郊新區的發展反而更受到新投資者注意，在菲國政府積極推動交通基礎建設的政策下，新區房地產市場肯定水漲船高，需求依然穩定向上。菲律賓內需蓬勃，刺激周邊房地產需求大幅成長，工業廠房也因線上購物興盛，間接帶動倉庫及物流倉儲需求。距離市區 3~5 公里的新區，在基建計畫下，將有資產大幅增值潛力。

4. 注意重劃區

馬尼拉中央商業區（簡稱 CBD）周邊的新區發展，除有競爭力的房價及租金報酬率，更期待未來政府投入大量基礎建設後，帶來的資產增值及新生活型態。除了有政府公共建設加持，重劃區全新規劃的生活環境及完善機能，也將大幅改善菲國居民的居住品質。

最後，「亞太國際地產」菲律賓營運處觀察菲律賓房市需要注

意幾點：第一，外國買家只能買公寓、辦公室、店舖，但不能購買土地和別墅。第二，同一建案中，外國買家購買的單位數量不能超過40%。第三，關於永久產權，外國買家和本地人一視同仁，可以永久持有。第四，小房型適合出租，大房型適合自住，公寓均無公攤面積。第五，租金回報率高。第六，菲律賓買房流程大概需要三個月左右，無論本地人還是外國買家，在菲律賓買房的流程大同小異。

關於投資熱門區的現象，可以發現中國買家多集中在菲律賓首都馬尼拉都會區，其中最受中國買家喜愛的投資區域多集中於金融中心「馬卡蒂中央商務區」（Makati CBD）、馬尼拉大都會區的「博尼法西奧環球城」（BGC）、新興金融區「歐提加斯中心」（Ortigas Center）、交通物流中心「帕塞市」（Pasay）等區域。

6.6 結語：菲律賓邁向國際舞臺的服務業

走訪菲律賓馬尼拉，可以明顯感受到經濟成長的爆發力。菲律賓的優勢包括：人口破億、年齡中位數為 23.5 歲、人口密度為世界前五名、國民人均所得突破 3,000 美金、GDP 突破 7%。菲律賓中產階級人數將超過 50%，光大馬尼拉區就有 2,300 萬人消費人口。除此之外，海外工作者，從世界各地匯回菲律賓的金流就逼近 250 億美元，而且菲律賓年產值超過 200 多億美元的「委外服務業」，最主要的業務量來自美國，同樣也是匯美元到菲律賓付款的龐大金流，這讓菲律賓披索相對防止貶值。就目前而言，經濟風險就會相對來得比較低。

　　另一方面，菲國總統杜特蒂任內目標大舉興建基礎建設以及大幅減稅，大型基礎建設工程，耗資 355 億美元，預估創造 170 萬個工作機會，刺激經濟成長。新的外包產業帶動白領菁英的收入成長、創造全新的消費市場，天性喜愛花錢的菲律賓人與人口優勢撐起龐大消費經濟，這更是這幾年菲律賓經濟持續成長的主要動能，也是國際投資者值得期待的部分。

　　不過根據美國商會對東協經濟前景問卷報告，僅只有 19% 的受訪廠商有意擴張在菲律賓的投資，相對於願意在越南擴張投資的 32%、緬甸 39%、印尼 28%、泰國 28%，則顯示出菲律賓吸引投資競爭力的不足，似乎不如東協鄰近國家。而廠商對菲律賓投資滿意度較高的無非是低廉工資和訓練有素的員工，但對於貪汙、稅制和海關通關等問題則最不滿意。

第 **7** 章

柬埔寨
經濟自由化之亞洲新虎

柬埔寨王國
（The Kingdom of Cambodia）

· 國花：稻花
· 國樹：糖棕櫚

體制與領導人	君主立憲制 國家元首（國王）：諾羅敦‧西哈莫尼 政府首腦（首相）：洪森	**國內生產總值（GDP）**	180.5 億美元（2015） 200.2 億美元（2016） 221.6 億美元（2017） 243.1 億美元（2018）
土地面積	18.10 萬平方公里 （約臺灣的 5.04 倍）	**人均GDP 所得**	1,163 美元（2015） 1,270 美元（2016） 1,384 美元（2017） 1,496 美元（2018）
人口	1,625 萬人（2018）	**GDP經濟成長率**	7.0%（2015） 7.0%（2016） 6.8%（2017） 7.1%（2018）
族群	高棉人（97.6%）、占族人（1.2%）、華人（0.1%）、越南人（0.1%）、其他（0.9%）	**通貨膨脹率**	1.2%（2015） 3.0%（2016） 2.9%（2017） 2.6%（2018）
首都	金邊 (意即「四面之城」)	**產業結構**	農業（25.3%） 製造業（17.0%）* 工業（32.8%） 服務業（41.9%）
語言	高棉語	**貨幣單位**	瑞爾（KHR）
宗教	上座部佛教（國教）	**匯率（兌換美元與臺幣）**	4,018 瑞爾（兌換 1 美元） 130 瑞爾（兌換 1 臺幣）

資料來源：IMF、World Fact Book、CEIC Data。
註：*工業包括有製造業。

資料來源：臺泰交流協會彭淑菱祕書製作。

7.1 柬埔寨地理與歷史背景

位於東南亞中南半島的柬埔寨王國（Kingdom of Cambodia），通稱柬埔寨，舊稱高棉，境內有湄公河和東南亞最大的淡水湖——「洞里薩湖」（又稱金邊湖）。遠在三、四千年以前柬埔寨人已經居住在湄公河下游和洞里薩湖地區，是一個歷史悠久的文明古國。柬埔寨東面和東南面與越南接壤，邊境長約 1,270 公里，北面與寮國相鄰，邊境長約 540 公里，西面和西北面與泰國毗鄰，邊境長約 805 公里，西南濱臨暹羅灣。

柬埔寨位於中南半島西南部，其領土為碟狀盆地，向東南開口，東、北、西三面受丘陵與山脈環繞；中部為湄公河及其支流沖積而成的廣闊又富庶之平原。柬埔寨土地面積 18.10 萬平方公里（陸地 171,560 平方公里），其中高原占 29%、山地占 25%，以及平原占全國 46%。

2018 年柬埔寨人口 1,625 萬，相對於 2008 年人口 1,338 萬，10 年增加了 287 萬人。平均年成長率為 2.4%，其中女性占 51.8%，全國人口中年齡低於 15 歲者有 33.2%，15~64 歲者有 63.2%，65 歲以上有 3.2%，係人口年齡相當年輕之國家，約 84.3% 人口居住在鄉間地區。全國勞動人口計有 945 萬人，其中男性占 52.5%，女性占 47.5%。

柬埔寨全國分為 20 個省和 4 個直轄市，首都金邊，主要城市有西哈努克港（Sihanoukville）、馬德望（Battambamg）和暹粒（Siem Reap）等。柬埔寨首都是金邊（Phnom Penh）市，人口約為 140 萬人，位於洞里薩河和湄公河的匯合處，金邊雖位於干拉省境內，但歸中央

政府直接管轄，共有7個地方行政區，是政治、經濟中心和交通樞紐，整個金邊大都會地區人口約爲230萬人。

馬德望市爲西北部重鎮，是柬埔寨第二大城，人口約達20萬人，是馬德望省會的所在，也是富饒的洞里薩湖地區稻米、玉米等農產品之集散地。

暹粒市是一國際旅遊城市，舉世聞名的吳哥窟（Angkor Wat）古蹟即在該市附近。因爲吳哥窟世界文化遺址的魅力，吸引許多國際遊客，也讓暹粒市的旅遊、餐飲、飯店（酒店）、文創、高級住宅的發展相當快速。

西哈努克港又稱「磅遜市」（Kompong Som），爲一港口城市，其磅遜港水深港闊，是最大的海港和對外貿易的咽喉。西哈努克港曾是個安靜的漁村，背包客喜歡旅行的地方，現在已經成爲中國在柬埔寨投資的中心，在2016~2018年，中國政府和私人企業在此投資了10億美元，其中賭場吸引了大批的中國賭客。據估計，目前大約有50家中資賭場和數十家中資飯店正在興建中。現在西哈努克港30%的人口是中國人，這個數字在過去兩年大幅成長。

柬埔寨過去是一個不起眼的小國，儘管大部分人知道當地有著聞名的吳哥窟世界文化遺產，但對於柬埔寨現況卻多半不了解，仍存有「落後」、「貧窮」、「共產」的既定印象，事實上，柬埔寨被視爲充滿發展潛力的東協新星，首都金邊更是現在當紅的海外投資熱區，房市正在起飛中。

在歷經戰亂後，柬埔寨政權趨向穩定發展，從共產轉型民主，爲

君主立憲國家；在經濟方面，柬埔寨近年來經濟成長表現也相當亮眼，2017 年的 GDP（國內生產總值）約達 221.6 億美元，2018 年的 GDP 提高到 243.1 億美元，經濟主要來源包括工業、農業、服務業。

此外，全國人口平均年齡低，青壯年達七成以上，未來勞動市場人力充足，因此吸引亞洲其他國家進駐，成為東協十國的新興投資點之一。

7.2 柬埔寨政治體制

柬埔寨於 1993 年 5 月制憲，9 月通過新憲法。柬埔寨憲法第 51 條規定，柬埔寨政體為「君主立憲制」，採立法、行政、司法三權分立。2004 年 10 月西哈努克（Norodom Sihanouk）國王退位，柬埔寨王位委員會推選其子西哈莫尼（Norodom Sihamoni）繼任國王至今。

柬埔寨國王是終身國家元首、國家軍隊最高司令、國家統一和永存的象徵，有權宣布大赦。根據首相建議，並徵得國民議會主席同意後，可解散國會。國王因故不能視事或不在國內期間，由參議院議長代理國家元首職務。國王去世後，由首相、佛教兩派僧王、參議院和國民議會議長、副議長組成的 9 人王位委員會，從王族後裔中，推選產生新國王。

柬埔寨國會由「參議院」（Senate）與「國民大會」（National Assembly）組成。參議院為國家立法機構，擁有通過憲法與法律的權力，有權審議國民大會通過的法案，共有 61 個席次，每屆任期六年；

其中 57 席由柬埔寨 24 省的公社委員（commune councilors）代表人民選出，國王與國民大會則分別提名 2 席。

　　國民大會共有 123 席，每屆任期五年，由柬埔寨各省為一個選區，每個選區可選出 1 至 18 名議員。國民大會代表全體國民，是柬埔寨全國最高權力機構和立法機構，權力包括立法、修法、批准條約、質詢、進行不信任投票等。柬埔寨憲法規定，國家法案須經國民大會、參議院和憲法委員會審議通過，最後由國王簽署生效。

　　柬埔寨在總理洪森（Hun Sen）執政統治 30 多年來，經濟快速發展，但他也因打壓批評者與媒體而備受批評。洪森善於對人民施以小惠，再加上鎮壓異己，這是他可以執政統治 30 多年仍屹立不搖的主要原因。自洪森統治以來，他的政敵有許多已入獄，包括人權團體、非政府組織及媒體無一倖免，讓許多人被迫自我放逐或是在國內保持低調以免被盯上。

　　2017 年 9 月洪森更將反對黨柬埔寨救國黨（Cambodia National Rescue Party）黨魁金速卡（Kem Sokha）以涉嫌叛國罪名逮捕監禁，還查禁了敢於批評時政的獨立媒體《柬埔寨日報》。接著，由洪森所領導的執政黨「柬埔寨人民黨」（Cambodian People's Party）政府便指控柬埔寨救國黨勾結美國以企圖推翻政府，柬埔寨最高法院最後在 2017 年 11 月 16 日作出解散柬埔寨救國黨的判決，救國黨喪失所有經選舉取得公職的職位，而其中 118 名黨員更遭褫奪公權五年。遭到瓦解的柬埔寨救國黨不僅無法延續 2013 年大選與 2017 年 6 月地方選舉的優異表現，更難擔當 2018 年 7 月大選反對陣營的主攻。

　　不過，就在洪森控制下的最高法院解散了柬埔寨救國黨之後，國際社會普遍對此表示譴責。美國與歐盟也隨即發表譴責聲明，部分西方國家更對柬埔寨採取制裁措施，包括中斷援助與停發柬埔寨政府官員的簽證。2018 年 3 月，美國、德國、澳大利亞、英國等 45 國發表聯合聲明，敦促柬埔寨恢復被命令解散的主要反對黨救國黨、釋放該黨黨魁金速卡，並確保 2018 年 7 月的全國大選是自由與公平的。但柬埔寨政府隨即回應，嚴厲指出這些國家此舉是侵犯主權。

　　柬埔寨政治觀察家認為，執政黨人民黨為了 2018 年 7 月 29 日大選勝利的目的，幾個月來不斷鎮壓國內反對勢力，還對獨立媒體施壓，箝制公民社會，甚至還解散了反對黨陣營。在缺乏反對黨參與以及當局的各種恫嚇下，已經在位 30 多年的強人總理洪森一如預期的，取得壓倒性勝利，朝萬年總理邁進。柬埔寨人民黨宣稱，此次得票率接近八成，拿下國會 125 席的全部席次，柬埔寨人民黨也將繼續一黨專政，獨裁統治。

　　西方國際社會普遍譴責 2018 年選舉不公正、不自由，並可能動用進一步制裁措施。不過柬埔寨洪森政府在中國的撐腰下，對西方的威脅並不懼怕，因為中國近年來已經成為柬埔寨的最大資助來源，中國對基礎建設提供資金和優惠貸款，使柬埔寨成為成長最快速的經濟體之一。柬埔寨至今仍然不斷接受國際救濟，只不過金援者從原本的西方國家，換成了中國。在洪森統治下，柬埔寨越來越親近中國；相對的，也更接近貪腐與威權，離民主越來越遠。

　　洪森自 2017 年開始對反對陣營的加壓，除了肇因於主要反對勢

力救國黨的聲勢，也可能開始爲其長子洪馬內（Hun Manet）搭建接班路徑。2018 年 3 月，洪森擢升其長子洪馬內擔任三軍參謀長，目前 40 歲的洪馬內已經晉升爲三軍參謀長和陸軍司令，同時也是國防部反恐部門負責人與洪森衛隊的副指揮官。和其父親相比，西點軍校畢業的洪馬內和部分西方官員關係親近，被視爲是可能帶領柬埔寨政治轉型的新一代領導人，或許有機會促進柬埔寨社會朝寬鬆開放的未來前行。

此前，洪森也在軍方安插對自己極爲忠貞的盟友，同時把重要的安全職位交給親屬和幾個兒子。2018 年 1 月，洪森任命女婿爲副國家警察首長；2017 年 12 月，洪森最小的兒子被拔擢爲上校。在在顯示，洪森已經緊握大權，建立個人王朝。

7.3 柬埔寨社會文化

柬埔寨人口超過 1,600 萬人，全國共有 20 多個種族，其中 90% 左右爲高棉族（Khmer），其他尚有占族、普農族及泰族等少數民族，外僑則以華僑及越僑爲最多。而少數民族則包括 1% 的華人、9% 的京族、佬族、泰族、占族等 20 餘族，當中有一小部分屬於深居山地的原住民部落。柬埔寨的人均壽命目前是 71.41 歲。

在宗教方面，小乘佛教仍是柬埔寨的主流宗教。柬埔寨人信仰小乘佛教者占全國人口 90%，華僑則信仰大乘佛教，天主教徒大部分爲越南裔，占族與馬來人則多信仰回教。佛教在柬埔寨除了具宗教意義外，由佛教組織興辦的小、中學和大學，都同時兼具教育的功能。而

且在當地的習俗上，年輕男性大多會剃髮爲僧，但 1~3 個月後就可以還俗，柬埔寨人認爲這是人生必需的歷程，一來可以報答父母的養育之恩，二則可以從中修持自己的操守和品德，而在目前普遍貧乏的時代，剃度階段也可接受宗教的免費教育。

不過，就臺灣對佛教的概念來看，柬埔寨的小乘佛教與我們熟知的佛教大有不同，他們雖然剃度出家，但在飲食上卻沒有什麼禁忌，只要遵守「過午不食」的戒律即可，所以每天清早，經常可以看到成群出家人沿街托缽，但食物卻葷素不拘的景象。

在文化方面，柬埔寨擁有特別的高棉文化，較接近泰國，並帶有濃厚的上座部佛教文化氛圍，可從高棉建築文化看到柬埔寨從古至今也受印度文化影響。特別是深具印度教與佛教色彩的雕刻藝術是柬埔寨最高的文化成就，吳哥遺址的文物即是這方面的極致表現。

在報紙媒體方面，除當地柬埔寨語的報紙外，華文的報紙也不少，主要有《柬華日報》，這是柬埔寨最大華人社團，也是「柬華理事總會」的機關報，於 2000 年 8 月創刊。《柬華日報》曾在 2008 年推出全彩奧運專刊，相當吸睛。《星洲日報》是馬來西亞星洲集團在柬埔寨開辦的子報，偏重民生，銷量已經超過 5,000 份。《華商日報》是當地華人財團主辦，偏重財經資訊報導，也是開辦時間最長的華報。《高棉日報》的中文版，則是中國人的高棉控股集團的屬下公司的報紙。另外，在英文報紙方面，則以《金邊郵報》（*The Phnom Penh Post*）和《高棉日報》（*The Cambodia Daily*）爲主。

而柬埔寨對於異議聲音的壓抑，不僅局限在政黨與選舉方面，更

涉及對報紙媒體與社會的影響，進而引起國際關注。值得注意的是，近年來這已經轉向成爲全面性的策略行動，特別自 2017 年下半年開始，洪森政府針對媒體與非政府組織加大管制力量，讓許多相關從業人員只能黯然離境或走入地下。連當地最知名的英文報紙《高棉日報》都在 2017 年 9 月遭受關門命運；而另一家英文報紙《金邊郵報》則於 2018 年 5 月轉賣給與洪森親近的馬來西亞企業家。

在觀光旅遊方面，提到柬埔寨，一般人會想到世界七大奇景之一──「吳哥窟」，擁有豐富的歷史遺跡與美麗景色。事實上，柬埔寨各地有不同的特色，還有許多生態旅遊點。在柬埔寨北部的暹粒市近郊有舉世聞名的世界遺產吳哥窟；在中部的金邊有大量的佛教寺廟；西部有東南亞最大的淡水湖洞里薩湖可搭船遊覽湖面上的水上人家；南部的施亞努市可享受陽光與海灘。

柬埔寨有三處被聯合國列入的國家文化遺產，包括吳哥窟、柏威夏（Preah Vihear）寺，以及三波坡雷寺（Sambor Prei Kuk）。吳哥窟是大部分外國旅客前來觀光的熱門景點，根據吳哥機構公布的資料報告，2017 年吳哥窟門票創收 1.07 億美元，比 2016 年增長 72%。

根據柬埔寨觀光旅遊部之統計，2017 年旅遊業爲柬埔寨創收 36.3 億美元，比前一年增長 13%，旅遊業爲柬埔寨國內生產總值（GDP）貢獻 12.3%。2017 年柬埔寨共接待 560 萬人次外國遊客，比前一年增長 11.8%，其中，中國是柬埔寨最大的遊客來源國，達 120 萬人，其依序爲越南、寮國、泰國、南韓。其中自中國大陸所獲觀光收入達 36.3 億美元，較前一年成長 13.3%。

　　雖然柬埔寨的經濟成長得利於政治穩定與市場化（marketization）政策，但當地貪汙與收賄的情況依舊嚴重，從政府高官到機場海關皆是如此，幾年前連觀光客都抱怨連通過海關時往往都要被官員私下索賄。

　　由國際透明組織（Transparency International）最新公布的 2017 年「貪汙感知指數」（Corruption Perceptions Index），柬埔寨得到了 20 分的成績（滿分 100 分），在 176 個國家中排名第 161 名（相較前一年還倒退 5 名），正反映出在柬埔寨民眾的認知中，當地貪汙問題仍然相當嚴重。

7.4 柬埔寨經濟發展

　　柬埔寨自 1990 年代內戰結束後奉行自由市場經濟，力圖與周遭國家如泰國與越南建立友善關係，以融入東協區域整合與世界貿易體系。柬埔寨近 20 年來政局相對穩定，經濟逐漸起飛。2009 年全球金融海嘯以前，1999~2008 年間平均經濟成長達 9.5%。2009 年因金融風暴跌至谷底，但隨即恢復動能，2010~2017 年平均經濟成長約為 7%。

　　2000 年柬埔寨人均 GDP 低於 300 美元，2004~2007 年間 GDP 成長率超過 10%，人均 GDP 以年平均成長 14% 的速度增加，至 2013 年跨過 1,000 美元門檻。2016 年整體 GDP 接近 201 億美元，人均 GDP 約 1,330 美元；2017 年整體 GDP 達 222 億美元，人均 GDP 約 1,435 美元。

　　柬埔寨係東南亞地區推動經濟政策開放最有成效的國家之一，目前逐步走向市場經濟體制之目標。據柬埔寨官方所發布的資料顯示，2017 年柬埔寨的 GDP 總值達 222 億美元，較 2016 年增長 6.9%。其中農業產值增長 1.8%、工業增長 10.5%，及服務業增長 6.7%。通貨膨脹由 2016 年 3.0% 下降到 2017 年的 2.9% 和 2018 年的 2.6%。

　　柬埔寨的貨幣雖為瑞爾（Riel），但同時市面上也可以流通美元，許多商店均以美金計價。在一般買賣，美金與瑞爾可以同時使用，大致為 1 美元等於 4,018 瑞爾。近幾年來，柬埔寨為了吸引更多中國遊客來柬埔寨旅遊觀光，讓支付費用或購買商品時更為便利，柬埔寨政府也已經允許中國遊客在柬埔寨境內使用人民幣，就像美元在柬埔寨流通一樣。

　　2017 年全年貿易總額為 247.90 億美元，較 2016 年成長 10.67%，其中出口 104.50 億美元，增長 3.74%，主要出口貨品為女用外套、男用外套、襯衫、女用無袖襯衣、自行車、鞋類、稻米、衣箱、手提箱、電話機、餐巾布、變壓器；進口 143.40 億美元，較 2016 年增長 15.92%，主要進口貨品為針織品、石油、合成纖維梭織物、小客車、機車、菸草、棉梭織物、貨車、生毛皮、電線電纜、醫藥製劑、礦泉水、電話機等，貿易逆差為 38.9 億美元。

　　根據世界銀行之預測，柬埔寨未來三年之經濟成長率均將維持在 6.8~6.9% 之間，貨品之出口仍將持續支撐柬埔寨之經濟成長。國際貨幣基金組織和世界銀行針對柬埔寨政府債務管理能力評等，已將其從中級風險調降至低風險，顯示國際金融機構對柬埔寨政府財務管理能

力給予正面的肯定。

東埔寨政府為促進外商投資，提供營所稅減免及進口原物料免關稅等優惠措施，且歐、美、日等國提供東埔寨部分產品普遍化優惠關稅等，許多廠商已將東埔寨列為生產基地優先選項。

其次，在外人投資方面，東埔寨為吸引外資，已於 1994 年制定投資法，設置「東埔寨發展委員會」（Council for the Development of Cambodia，簡稱 CDC），作為私人及公共投資之最高決策機構，其下設立「東埔寨投資局」（Cambodian Investment Board，簡稱 CIB），作為職掌吸引外資及核准私人投資之行政機構。

累計 1994~2017 年，東埔寨共吸引外人投資達 343 億 4,063 萬美元；其中，中國大陸是最大投資國，累計對東埔寨投資 125 億 6,440 萬美元；其次為南韓，投資總額 46 億 4,616 萬美元；英國為 28 億 33 萬美元；馬來西亞為 27 億 2,768 萬美元；越南為 17 億 6,214 萬美元；香港為 14 億 7,848 萬美元；美國為 13 億 2,323 萬美元；日本為 12 億 1,096 萬美元；新加坡為 12 億 579 萬美元；臺灣為 11 億 6,022 萬美元，排名第 10 名。

東埔寨開放投資之產業，除農藥等有危害人體健康之虞的化學品禁止外人投資，以及對於特殊行業如菸草製造、電影生產、出版事業及媒體經營等項目有條件限制外，其餘行業均開放外資 100% 經營。

為吸引外資及拓展市場，東埔寨積極推動加入區域與多邊經貿整合，1999 年加入東協及參與東協與中、日、韓等國簽署之「東協加一」FTA，2004 年加入 WTO 等。從數量上來看，東埔寨參與之國際、區

域經貿整合機制數量不多，但因柬埔寨屬於聯合國定義下之低度發展國家（Least Developed Country, LDC），在 FTA、WTO 下享有特殊與差別待遇（Special and Differential Treatment）之優惠，另亦獲得日本、歐盟等已開發國家給予之「普遍性優惠關稅待遇」（Generalized Preference System, GSP），使其出口之成衣等產品可以優惠關稅進入其市場。

2006 年 7 月柬埔寨與美國簽署《貿易暨投資架構協定》（Trade and Investment Framework Agreement, TIFA），為美、柬經貿領域溝通的平臺，意在提升雙邊貿易與投資，同時聚焦於柬埔寨加入 WTO 承諾之執行情形，包括海關、電子商務法規、檢驗與檢疫措施等。

柬埔寨亦適用美國授予之 GSP 待遇，約有 4,800 項產品輸美可享低關稅或零關稅待遇。2016 年 6 月 30 日，美國貿易代表處（USTR）宣布給予柬埔寨旅行產品（travel goods）GSP 下之零關稅待遇，涵蓋行李箱、登山用背包、女用手提包以及錢包等，較過去約 7% 的低關稅更為優惠。該待遇原產地規則約 35%，但可與其他東協國家合併計算區域價值。美國預期該項政策將可創造柬埔寨每年對美國出口 100 億美元的商機，同時也可鼓勵柬埔寨紡織業者進行轉型。

雖然柬埔寨是東南亞地區歷史悠久的文明古國，有兩千年以上之歷史，但是柬埔寨其實是一個非常年輕的社會。根據統計，柬埔寨 2015 年人口平均年齡為 27 歲，其中 30 歲以下的年輕人占總人口的 70%，整個人口結構呈現非常完美的金字塔型，人口年輕化程度較高，勞動力充足，人口紅利對柬埔寨的經濟發展起了關鍵作用。

　　現在正是柬埔寨的「黃金年代」，人口從戰後的數百萬成長至1,600 萬，近年來平均 GDP 成長率也維持在 7% 左右，顯示柬埔寨國內治安、政經情勢都已穩定，投資人信心更強。國際貨幣基金（IMF）也表示，柬埔寨是近 20 年來經濟發展速度最快的國家之一。亞洲開發銀行（ADB）則認為，柬埔寨平均 GDP 年成長率超過 7%，在東協國家已悄然崛起，儼然成為「亞洲經濟新老虎」。

　　臺灣近年力推「新南向政策」，對於要到柬埔寨搶商機的臺商，柬埔寨算是較晚開始發展的國家，然而根據柬埔寨官方資料顯示，柬埔寨目前鼓勵外商向柬埔寨投資農業、食品加工及旅遊業等產業，亟需外商資金注入協助發展。

　　柬埔寨旅遊業擁有巨大的潛力及聞名的文化遺產，其中包括著名的吳哥窟。柬國公省、西哈努克省、貢布省與白馬省等四省共計擁有440 公里的海岸線，成為柬埔寨發展旅遊業的契機。

　　柬埔寨農業亦是政府鼓勵外資之產業，尤其是稻米，柬埔寨稻米種類甚多，在全球逐漸面臨糧食短缺之際，盛產稻米之柬國，更是一項有利條件，柬國政府亦積極採取相關有利措施，提高稻米產量，尤其中國大陸亦赴柬國投資設立碾米廠。柬國政府已制定稻米出口總量邁向超越 100 萬公噸之目標。

　　柬埔寨另擁有豐富的勞工資源，每年可提供勞工市場約 30 萬名新勞工。柬埔寨土地及勞工資源均可滿足發展農業、自然資源開採（森林、採礦、石油及煤氣）等需求。柬埔寨低廉的工資以及低企業營所稅（20%）亦減少外商在柬埔寨的製造成本。

　　另外，柬埔寨是世界上賭場開設數量最多的國家之一，境內的合法賭場數目不少，多數集中在越南和泰國的邊境地區，每天都有大量遊客慕名前往。根據柬埔寨當地法律，柬埔寨本國人在賭場內賭博是非法的，故賭場主要客源大都為外國遊客。而柬埔寨最大的賭場是「金界賭場」（Naga World），位於首都金邊，其博彩收入主要來自越南、中國和寮國等的遊客。

　　柬埔寨係以低度開發國家身分加入 WTO 的國家（於 2003 年 9 月加入），在該國投資設廠者輸往其他 WTO 會員國之進口關稅適用優惠關稅，加上美、日、歐盟等 29 國給予柬國 GSP 優惠關稅及免配額優惠，使在柬埔寨投資設廠者，產品價格競爭力具有優勢。除此之外，柬埔寨相較其他國家，對外資更為開放，除土地外，其他行業都接受外資 100% 投資持股，資金進出管制也較寬鬆，是臺商南向淘金相當好的機會。

　　此外，柬埔寨作為中國海上絲綢之路重要沿線國家，也積極擴大與中國合作，參與「一帶一路」建設，從公路網、港口、航空等多方面打造立體交通網，促進柬埔寨經濟社會發展。在短短幾年內，中國企業參與協助柬埔寨建設了 20 多條道路，超過 2,600 公里，改善了柬埔寨交通網絡。中資企業在柬埔寨修路架橋、建設港口、機場，這些項目將提高柬埔寨的運輸能力、降低物流成本、促進貿易交流。

　　在中國「一帶一路」的政策加持下，柬埔寨可說是受益最多的東協國家之一，雖然柬埔寨國內的中資項目上，仍時有所聞同樣受到貪腐指摘或是人權醜聞所累，中資在首都金邊大舉炒賣房地產，更被指

加劇社會貧富差距，但是「一帶一路」戰略後，釋放更多基礎建設相關的工程商機，柬埔寨房市的沸騰更是有增無減，顯示出中國「一帶一路」的經濟實力，在柬埔寨境內影響之大。

7.5 柬埔寨不動產市場發展與潛力

隨著越來越多海外投資者、跨國銀行搶進柬埔寨，亦帶動該國經濟成長，而主要都是鎖定在第一大城「金邊」。1960 年代，金邊在柬埔寨語意指「四面之城」，美稱「亞洲珍珠」，是柬埔寨政治、經濟、文化社會發展中心和交通樞紐，城市人口數也達 230 萬人，預估2020 年將突破 300 萬人，而當地硬體建設速度快，舉凡高樓建築、商辦大樓、購物中心、高級餐廳、星級酒店，加速現代化腳步，顯現的是金邊的繁華與富有，整體規劃依照泰國曼谷及新加坡作為發展參考目標。

事實上，從 2014 年上半年開始，柬埔寨房地產逐漸成為熱門話題，在海外不動產市場中占有一席之地，陸續前進蓋房、搶房的海外投資者比例變多，主要來自中國、香港、臺灣、韓國、日本和星馬等國家，另有許多房仲或代銷紛紛代理房產建案。

在柬埔寨從事房地產開發，除了看中柬埔寨的人口結構紅利高、未來經濟可望急速增長爆發，另有多項投資優勢包括無外匯管制、享關稅優惠、美元計價、房價基期低，漲幅大、外國人可取得合法產權、GDP 維持 7% 增長等之外，最重要的是柬埔寨房市投資門檻低、允許土地自有化，從買地規劃、設計、建設到賣房，整個項目

從開始到結束只需要二年半就可完結，資金的週轉率相當高。

在柬埔寨房地產市場中，辦公大樓是新興的地產發展項目。過去當地沒有任何純商業辦公大樓，因此當地人若手上握有一定的資本金額後，會傾向購買排房（透天厝），因為一樓店鋪可以拿來做小生意，例如賣雜貨、開美容院，上面則是作為住家使用。目前，由於金邊已發展的辦公大樓仍少，過去幾年推案量中商辦比例僅占10~20%，且沒有一個價格、規劃合理的商辦，預期之後當地的中小企業會慢慢出現，將帶動商辦需求，因此嗅到先機的建商便可提早進場鎖定商辦物件開發。

目前外國人到柬埔寨置產，不論商辦或住宅，皆以出租為主。金邊每年至少以5~10萬人口持續增加，其中，目前因工作駐點的高階外籍人士約超過6萬人，是主要租屋客群。根據統計，金邊高級出租公寓頂多18,000到20,000戶，未來供不應求的狀況仍會存在。這也意味著金邊房屋短缺、供應嚴重不足，這樣的需求狀況決定了金邊樓市看漲態勢，柬埔寨金邊的租金報酬率在2018年也名列全球房屋租金報酬率的第四名。

金邊擁有諸多特色，但要如何找「對」物件和地方，才是海外投資人最關心的重點。針對新興國家，投資住宅、商辦首要挑選蛋黃區為佳，千萬不要認為買在郊區未來漲幅會非常大而錯選標的，金邊的精華區大致以河岸為準，越靠近河岸越熱鬧，大概距離5公里、10公里區域內都很不錯。另外海外投資時一定要波段操作，勿短線操作，可擬定不同投資標的做資金配置，以分散投資風險。

7.6 結語：柬埔寨是開放經濟發展的黑馬

柬埔寨自 1997 年內戰結束以來，政治及社會發展漸趨穩定，在鄰近亞洲國家及國際金融組織之援助下，投資環境漸進改善。近年來，柬埔寨經濟增長一直維持 7% 的高成長，另有多項投資優勢包括無外匯管制、享關稅優惠、美元計價、房價基期低、漲幅大、外國人可取得合法產權等，再加上柬埔寨人口結構紅利高、現有勞動力人口充沛，藉其低廉工資、年輕勞力以及優惠稅率等有利條件，持續吸引外資。故近年在泰國、越南等國工資快速上漲，也吸引一部分勞力密集產業自泰、越轉移至柬埔寨境內。

柬埔寨被視為充滿發展潛力的東協新星，加上中國的一帶一路及東協崛起，在此時機如同搭上順風船，預期未來的發展無可限量。首都金邊更是成為現在當紅的海外投資熱區，房市正在起飛中，除了房市投資門檻低、允許土地自有化之外，資金的週轉率與報酬率亦相當高。因此，從經濟發展、政府政策、勞動人口、房市等各層面來看，金邊有相當高的發展潛力吸引外國投資，而臺商一方面除受到中國房地產緊縮和中國大陸限匯政策影響，另一方面也看到金邊的投資紅利，以及從柬埔寨政府釋出的各項利多，故近來陸續有很多臺商想前進柬埔寨投資。

第 **8** 章

緬甸
從殖民與隔絕中甦醒的
萬塔之國

緬甸聯邦共和國
（Republic of the Union of Myanmar）

· 國花：龍船花（百日紅）
· 國樹：柚木

體制與領導人	單一總統制 總統：溫敏 國務資政：翁山蘇姬 三軍總司令：敏昂萊	**國內生產總值（GDP）**	595 億美元（2015） 633 億美元（2016） 665 億美元（2017） 740 億美元（2018）
土地面積	67.66 萬平方公里 （約臺灣的 18 倍）	**人均 GDP 所得**	1,147 美元（2015） 1,210 美元（2016） 1,263 美元（2017） 1,396 美元（2018）
人口	5,385.5 萬人（2018）	**GDP 經濟成長率**	6.9%（2015） 5.9%（2016） 6.8%（2017） 6.7%（2018）
族群	緬族（68%）、撣族（10%）、克倫族（7%）、華人（3%）、孟族（2%）、克欽族（1.5%）、印度（1.3%）、克倫尼族（1%），其他少數民族（6.2%）	**通貨膨脹率**	11.4%（2015） 6.8%（2016） 5.3%（2017） 6.3%（2018）
首都	內比都（2006 年以前仰光是首都）	**產業結構**	農業（40%） 工業（20%） 服務業（40%）
語言	緬甸語為主，英文可通	**貨幣單位**	緬幣（Kyat）
宗教	佛教（89%）、基督教（4%）、回教（4%）、其他（3%）	**匯率（兌換美元與臺幣）**	1,366 緬元（兌換 1 美元） 45.25 緬元（兌換 1 臺幣）

資料來源：貿協全球資訊網、IMF、World Fact Book、CEIC Data、World Bank、UN Data、Asian Development Bank、Central Statistical Organization of Myanmar、Customs Department of Myanmar、CIA of US。

資料來源：臺泰交流協會彭淑菱秘書製作。

8.1 緬甸地理與歷史背景

緬甸聯邦共和國（The Republic of Union of Myanmar）簡稱緬甸，緬甸在梵文裡意爲堅強、勇敢。氣候屬於熱帶季風氣候。

緬甸三面環山，西部有若開山脈，北部有喜馬拉雅山、橫斷山脈，東部和東南部爲撣邦高原和丹那沙林山脈，中部爲平原。位於北部喜馬拉雅山中的開加博峰海拔高達 5,881 公尺，山上終年積雪，是緬甸也是東南亞的最高點，又被稱爲「中南半島的屋脊」。

緬甸位於東南亞的西北部，東北邊與中國接壤，東南邊與寮國和泰國相鄰，西邊與印度和孟加拉國相接。西南瀕臨孟加拉灣，南臨安達曼海。緬甸邊境總長約 5,876 公里，其中與孟加拉邊境長 193 公里，跟中國邊境長 2,185 公里，與印度邊境長約 1,463 公里，跟寮國邊境長約 235 公里，跟泰國邊境長約 1,800 公里。而其海岸線總長約 1,930 公里，占國境線總長的三分之一。

面積 67.66 萬平方公里，約臺灣的 18 倍大，是東南亞大陸上面積最大的國家，爲東南亞地區第二大國，在世界排名第 40 大國家。人口約 5,000 多萬，世界排名第 25 位。首都爲內比都，2006 年以前設於最大城市仰光。雖名爲聯邦共和國，但實爲單一制的國家。

緬甸境內主要有四大河流，一爲伊洛瓦底江，二爲薩爾溫江，三爲錫唐江，四爲清敦江。以伊洛瓦底江最長，全長 2,173 公里，緬甸大部分人口生活在伊洛瓦底江流域，因而被稱爲是「緬甸的母親河」。

緬甸這個國家的神祕面紗與歷史發展，從名字就可以看出端倪：

「緬」是遙遠的意思，而「甸」在古語指郊外的之處，緬甸正是一個處於「遙遠郊外」的國度，充滿浪漫與神祕色彩。

根據考古資料顯示，緬甸在一萬年前的舊石器時代晚期，就已經有人類活動，在當時的伊洛瓦底江邊形成聚落。相傳西元前 200 年，驃人進入伊洛瓦底江的上游地區，從此掌控中國和印度之間的通商之路。直到西元 849 年，緬族人接管驃河流域，並在北部修建了蒲甘城，之後 1044 年阿奴律陀國王即位，建立了緬甸歷史上第一個統一的國家，也正式開啟了「蒲甘王朝」的首頁。

蒲甘王朝座落於伊洛瓦底江中下游地區，位於交通樞紐之地，且土地肥沃、糧食生產充足，地利之便加上天然條件優越，蒲甘王朝得以迅速蓬勃發展，成為當時文化交流的重要通路與中心。

蒲甘王朝持續統治近兩世紀的繁榮光景，在 1287 年元世祖忽必烈率領大軍入侵後宣告終止，緬甸從此進入了撣族時期，直到 1531 年緬族人莽瑞體統一緬甸，建立了東固王朝，緬族才重獲統治地位，並另建首都勃固城。

之後莽應龍即位曾兩度進攻阿瑜陀耶（大城王朝），即今日的泰國，皆因泰人激烈反抗而終致失敗，此後又接著與實力強大的泰族阿瑜德亞王國多次交戰，接連多場戰役耗盡國力與資源，莽應龍也被猛族殺害不得善終，而首都勃固城也因 1599 年被阿卡族占領，而不得不遷都於阿瓦，但又被猛族於 1752 年侵略占領，東固王國至此再也無力振作，只能黯然落幕。

此時緬人阿勞帕雅躍上檯面，領導緬人打敗入侵者，並建立「貢

榜王朝」，對內不僅統一全緬甸，對外更是大舉出兵以重振國威擴張疆土，不惜與東邊英國東印度公司大起衝突；對東邊鄰國的阿瑜陀耶宣戰；又與清朝乾隆皇帝就兩國邊界地區的領土和資源控制權大動干戈，史稱「清緬戰爭」。

然而緬甸曾經的光榮與自主獨立，伴隨著英國人1824年的介入、經歷三次英緬戰爭後，受到強烈的壓抑與剝削。1824~1826年的第一次英緬戰爭，與1852年第二次英緬戰爭均由英國大獲全勝，並成立英屬緬甸管理所占之地，將緬甸劃分成「上緬甸」和「下緬甸」（在英國人攻占勃固城後便將此地稱為下緬甸）。

1885年，法緬簽訂合作抗英的密約徹底惱怒英國，因而發動第三次英緬戰爭決心滅緬，1885年最後一位國王博迪王被英軍押解出皇宮，並流放到印度，1886年貢榜王朝正式滅亡。英國從此將緬甸納入英屬印度的一省，並設政府於仰光，緬甸從此進入殖民時期。

直到第二次世界大戰爆發後，緬甸愛國人士收復仰光，積極爭取獨立，終於在1948年1月4日正式脫離英國，成為獨立的緬甸聯邦。儘管英國殖民是緬甸民族史上不愉快的一頁歷史，但不得不承認英國人當時除了殖民統治之外，對於緬甸的開發與建設，包括原物料的開發，鐵路、水路、道路的興建與發展，以及教育的大幅改善等等，卻是近代緬甸建設國內與國際社會接軌的重要基礎。

然而，對1962年開始掌權的軍政府而言，英國殖民的遺毒必須清除乾淨，因此，1989年6月18日領導人蘇貌將軍正式將「緬甸」的英文國名由Burma改為Myanmar，以擺脫被英國殖民的歷史。

　　然而擅改國名一事，軍政府事先並未徵詢人民意見，之後顯然也未能得到人民的一致認同，例如緬甸人尊稱爲國父的翁山將軍之女，也是現今活躍於緬甸政壇的翁山蘇姬，便堅持稱呼緬甸爲 Burma，在接受公開訪問時也表示，反對稱 Burma 爲 Myanmar，她認爲緬甸人民有自己決定想要怎麼稱呼自己國家的權利。有趣的是，包括緬甸國內人民及國際社會選擇稱呼緬甸 Burma 或是 Myanmar，儼然已經成爲一項暗示其所支持之政治立場與理念的指標，例如美國便堅持稱緬甸爲 Burma，而非使用緬甸的官方名稱 Myanmar。

　　在 2010 年 10 月 21 日，緬甸國家和平與發展委員會頒布法令，正式啓用新憲法確定的新國旗和新國徽，並改國號緬甸聯邦爲「緬甸聯邦共和國」，緬甸從長久隔絕與壓抑中甦醒，開啓新發展與新氣象。

8.2 緬甸政治體制

　　1948 年 1 月 4 日緬甸正式脫離大英國協獨立成立聯邦政府，以爲從此苦盡甘來，還政於民，但 1962 年便發生政變，軍事強人尼溫將軍推翻文人政府開始長達 20 多年的政權接管，此後國家由「緬甸社會主義綱領黨」一黨專政，對國內實行社會主義，對國際則採取閉關鎖國政策。

　　1988 年民眾不滿政局發動大規模示威抗議運動，尼溫將軍與其繼任者不得已先後辭職，最終由國防部長蘇貌將軍所領導的國家法律暨秩序恢復委員會接管國家政權成立新政府，宣布廢除一黨制，改行多黨民主制，並於 1990 年 5 月 27 日舉行首次全國多黨制大選，共

有 93 個政黨參選，最後由「全國民主聯盟」取得壓倒性勝利，贏得 80% 以上的席位。

然而，軍政府不但拒絕承認選舉結果交出政權，反而加以壓制異議分子與反對勢力，並將公開批評尼溫將軍的反對派領袖、全國民主聯盟的創辦人之一翁山蘇姬予以囚禁，1995 年 7 月短暫釋放之後旋即再度將之軟禁，直到 2010 年才得以獲釋自由。

在 2010 年 11 月 13 日緬甸大選後，翁山蘇姬重獲自由，並在 2013 年全國民主聯盟第一次全國代表大會上當選主席一職。大導演盧貝松也將其傳奇的經歷拍攝成傳記電影《以愛之名：翁山蘇姬》於 2011 年首度正式上映。

翁山蘇姬自 2016 年 3 月接任緬甸外交部、教育部、電力能源部，以及總統府事務部等部長，同時並擔任被視為等同於總理職務的「國務資政」一職，成為緬甸國家實際領導人。

軍政府在 2005 年 11 月將首都由仰光遷往內比都，2008 年軍政府宣布將在 5 月舉辦公民投票通過新憲法，並在 2010 年舉行民主選舉來成立新政府。目前政府及國會制度乃是依照 1994 年 4 月 9 日所通過之憲法草案規定，中央政府之組織運作設有總統及兩名副總統，而總統候選人需連續居住緬國 20 年以上，且不得持有外國國籍，此一條款被視為是軍政府當時為防堵緬甸民主運動領袖翁山蘇姬的政治參與而刻意量身訂做的，被調侃稱為「翁山蘇姬條款」。

緬甸議會是緬甸聯邦兩院制立法權力機構，由上議院「民族院」（House of Nationalities）和下議院「人民院」（House of

Representatives）組成。目前最大政黨是全國民主聯盟（NLD），緬甸國會上、下兩議院總共有 664 席。其中 498 席民選產生，166 席為軍方代表，占有四分之一席位，由軍方總司令指派。下議院共有 440 席，有 330 席次，根據城鎮劃分選舉產生，而 110 席為軍方代表，由軍方指派。上議院共有 224 席，軍方代表有 56 席，而 168 席根據所屬的邦或地區劃分。

在保障軍人於國會擁有 25% 的非民選席次，會對修憲擁有否決權，即軍方將領宣稱的「戒律式民主」（disciplined democracy），成為保留和確保軍人政治權益和干政的護身符，這也是翁山蘇姬極力要修改憲法，所遭遇的最大困境。

緬甸現約有 10 個政黨，但目前最大的政黨主要有三個：一為成立於 1988 年 9 月，由翁山蘇姬所領導「全國民主聯盟」（National League for Democracy, NLD），也是緬甸最大及最有影響力的政黨。二為代表軍方勢力的「國家聯合黨」（National Unity Party），是由執政 26 年的「緬甸社會主義綱領黨」於 1988 年 9 月 24 日改組而成。三為「聯邦鞏固與發展黨」（The Union Solidarity and Development Party），由 1993 年成立的緬甸聯邦鞏固與發展協會轉變而成，2010 年 5 月正式註冊為政黨，以實現國家永固、主權獨立、民族團結、和平穩定、繁榮發展為目標。

緬甸在進入長期軍政府執政時代後，由於採行鎖國政策，與其他國家幾乎不相往來。直到改革開放之後，緬甸從此奉行獨立、積極的外交政策，不依附於任何大國或國家集團，並主張和平共處的原則：

即不允許外國在緬甸駐軍、不侵犯別國、不干涉他國內政、不對國際和地區和平與安全構成威脅這五項基礎上，與各國維持良好。

同時，緬甸也重視發展睦鄰友好關係，特別是在 1997 年加入東南亞國家國協（ASEAN）之後，與周邊國家有較多的互動與發展，2014 年緬甸也曾擔任東協輪值主席國，此外緬甸政府積極推動民主選舉和民族和解，其與西方先進國家關係逐步緩和，許多大國領袖（如美英日法等）也爭先參訪緬甸，希望獲取緬甸商機。

緬甸國內對於皇室並不熱衷關注，主因在於軍方執政之後對於緬甸皇室十分忌憚，唯恐有朝一日皇室威脅其執政地位，因此在歷史教科書或是出版品中皇室相關訊息幾乎銷聲匿跡，以致一般人民對於皇室的認識淡薄，無從了解。

諷刺的是，軍政府力求淡化皇室影響力的同時，卻又渴望利用與皇室結親的做法，來取得人民對於其政權的認同，因此尼溫將軍上臺之後費盡心思娶了皇室女子為妻，以淡化軍人政變、武力奪權與獨裁的事實，只是這段婚姻並未長久，僅僅維持五年之後便宣告破滅。

直到第一次世界大戰結束後，英國人允許皇室回到緬甸生活，隨著文人政府再度掌權，新聞出版業逐漸解禁，皇室的相關消息與報導才又重見天日，而 2016 年 11 月自迪博王流亡印度 131 年後，約 100 名的皇室後代在緬甸政府的允許下，終於回到曼德勒皇宮公開地舉行紀念儀式，曾經被緬甸人一度遺忘的皇室，終於重返緬甸人民的生活中。

8.3 緬甸社會文化

緬甸人口組成 68% 爲緬族人，其他各主要少數民族包括撣族 10%、克倫族 7%、孟族 2%、克欽族 1.5%、克倫尼族 1% 等，華人雖然不爲法定少數民族，但人數約占人口的 3%。

儘管緬甸近年來才對外重新打開門戶，但在境內卻有爲數不少懂英語及華語之人，特別是觀光旅遊盛行的區域，基本都能以英文溝通，而在仰光和曼德勒則有不少餐廳和旅館能以華語溝通，堪稱友善便利。

緬甸是個篤信小乘佛教的國家，也有少數信仰基督教、天主教、印度教、伊斯蘭教、甚至原始部落中的拜物教，但大多人民（89%）仍以佛教爲其主要信仰。緬甸境內有數不清的寺廟和佛塔，皆由緬甸人民自發性捐款修建而成，因而有「萬塔之國」之名。在佛教思想的長期影響下，大愛精神融合於緬甸人民生活氛圍之中，整個社會民風溫和，治安也相對良好。

此外，緬甸人民也因爲信仰佛教，普遍養成樂善好施的性格，強調個人的來生修練與積善功德，一般人有一生至少「出家」一次的習慣，若是小孩出家那可謂是家族大事，經濟條件不錯的家庭通常都會安排護送隊伍，敲鑼打鼓召告天下，一路熱鬧歡送到寺廟去。

寺廟在緬甸不論是精神上或是在福利制度中，皆有舉足輕重的地位，除了信仰上以佛教教義感化世人之外，也實質性地照顧許多窮苦潦倒、三餐不繼的民眾，舉凡孤兒貧童、無家遊民、外地工人與學子等，皆爲寺廟接濟與協助的對象。

　　緬甸人民深受佛法大愛的感召、樂善好施的獨特性格，也體現在社會各階層熱衷於捐助的風氣與文化上，不只是大企業家們會定期捐助寺廟，各類商會組織不定期捐款奉獻，就連一般人會有不時布施的習慣，例如在生日當天到孤兒院捐助一餐等。這些普遍的捐助行為，在緬甸形成了獨特的社會福利制度，也穩定了緬甸的社會發展。

　　緬甸人生活樸實、性格溫和，一般不好與人鬥爭，但對於境內華人與印度人，無論是過去歷史上，或是現今發展中都偶有打壓事實，主要原因恐怕與華人及印度人雖僅占緬甸人口中的極少數，卻掌握了國家五成以上的經濟活動有關。因此，緬甸政府有不喜歡華人從政的不成文規定，且舉凡身分文件上註記為華人後裔者，文件申辦的行政作業會比一般緬甸人民複雜些。

　　華人企業家在緬甸特別低調，尤其是家族曾經經歷政府將企業直接收歸國有的第二代、第三代接班人，其行事更是萬分低調，除了積極融入當地族群外，也採行緬甸人樂善好施的生活方式，投入鋪橋、造路、捐贈學校、貼補寺廟等回饋地方與社會的善行活動。

　　緬甸人生活樸實簡單，一般人不會刻意追求名牌，而是以物美價廉為消費決策依據，往往只有商場促銷活動之際，才會吸引民眾排隊購買消費。但隨著外資投資增加，國外企業派駐緬甸的員工和家庭的增加，再加上大都會區當地國民所得逐漸提升，緬甸民眾的消費習慣也開始產生變化，除了著重產品價格之外，也開始注意商品的造型設計、品質與功能，特別是年輕族群較過去更為重視商品設計是否新穎。因此，包括日本、韓國以及中國大陸的 3C 家電廠商，紛紛在緬

甸各大城市推出大型看板宣傳品牌形象，搶占市場大餅，只是緬甸目前尚未形成具規模的中產階級，大多數人民的消費購買力仍嫌不足。

緬甸傳統婚嫁習俗相對保守，男女雙方必須經過很長一段的「互相認識」，倘若男子有意娶對方為妻，則男方必須告訴父母並派人到女方家裡提親，如果女方家長也不反對這門親事，兩個年輕人便可在一起生活，但這只是「認識階段」，需要再經過兩、三年後，雙方確認兩人心意未變、如同初衷，這時候才正式考慮完成結婚手續成為真正的夫妻。

緬甸整體治安良好，但在緬甸北部及鄰近金三角地區，仍不適宜一般遊客前往。另外，雖然緬甸近年來走向改革開放，但政治仍是敏感話題，旅遊時應避免談論政治、批評政府，在路過軍事基地附近時，也應避免拍攝軍人或軍事設施。

另外，緬甸屬熱帶季風氣候，12 至 2 月天氣較涼快而晴天多，是到緬甸旅遊的最佳季節。每年 6~9 月受西南季風影響炎熱多雨，且容易遇上颱風，因此前往緬甸旅遊建議避開這段夏季時段。而在冬季時節，緬甸低地日夜溫度較大，氣溫可從 14、15 度橫跨至 30 度左右，對於體質孱弱的老人與幼童而言較為挑戰。

緬甸人飲食可謂「東西合併」，早餐食用米粉、麵條，中午與晚上以米飯為主食，但也有喝咖啡、茶和吃點心的習慣。緬甸餐點口味油多、酸辣、味重，習慣將米飯盛在盤中以手抓食，伴以各項沾醬鮮果、嫩葉作為小菜，但隨著社會發展、風氣西化，近來使用刀、叉進食的人數也逐漸增多。

在服飾方面，緬族傳統衣著與中國雲南傣族十分相似，男女下身都穿著筒裙，男子上衣為無領對襟長袖短外衣；女子則身穿斜襟短外衣，在參加重要場合之時，男子均會頭戴以細藤編織、裹以粉紅或淺黃色紗巾而成的緬式禮帽，而女子則多以長髮挽髻，配帶鮮花為妝飾，並習慣於臉上塗抹緬甸特有的香木漿，以達防曬與護膚之效。

另外，應特別注意的是，佛塔、寺廟被緬甸人視為神聖之地，無論何時、不論何人、不分尊卑，一律必須赤腳進入以示尊敬，且衣著必須端莊，不可穿著暴露或短褲。

一般說來，緬甸有幾個重要節日，包括有 1 月 14 日獨立紀念日、2 月 12 日聯邦紀念日、3 月 2 日農民節、3 月 10 日乾旱季慶典、3 月 27 日抗日勝利日、4 月潑水節、5 月 1 日勞動日、7 月 19 日烈士日、11 月 26 日點燈節、12 月 25 日聖誕節、12 月或 1 月的新年等，近年來有許多國際觀光客專門挑選 4 月前往緬甸，以感受潑水節的震撼。

8.4 緬甸經濟發展

緬甸曾經一度因為國內販毒情況嚴重、官員貪汙腐敗、政府治理不當，而導致經濟嚴重蕭條，在 1980 年代晚期被列為全球最貧困的國家之一。

然而，緬甸自 2011 年大舉對外開放，政府將施政重心由民族和解及憲政改革轉移至民生經濟，在國際社會的協助下投資基礎建設，推動電信、營造、製造業及服務業，並大量引進外資、技術與人才，

觀光旅客的人數也大幅提升，經濟從此快速成長。

在 2011~2014 年經濟成長率分別達 5.5%、7.3%、8.4% 及 7.9%，就算是 2015 年下半年因颶風重創農業，其經濟成長率也有 6.9%。而 2016~2017 年受到國際及中國大陸市場冷淡，國內新政府初登場政策尚未明確，以及災後復甦緩慢等因素影響，經濟成長趨緩，卻依然維持 5.9% 的水準。

緬甸各大產業狀況，農業約占國內生產總值 30%，近兩年在氣候條件良好情況下穩定成長，工業與服務業也保持強勁增長，預計超過 8.0%。製造業良好表現推動工業產出增長，而服務業則受益於旅遊業大幅增長與國內消費的增長，2017 年光是觀光旅遊業方面，總計就有 340 萬國際旅客湧入緬甸，較前一年增長 18.0%，觀光收益極為可觀。

整體而言，緬甸的發展持續看漲、潛力無窮，2017 年更被視為是緬甸經貿發展蛻變的一年，各項產業的表現大多繳出一張漂亮的成績單，經濟發展數值均呈現一片欣欣向榮的光景，而當中又以緬甸外貿收入最為亮眼，不僅持續成長，且總額已達到 333.23 億美元之多。

貿易大幅增長的主要原因，乃是因為農產品及成衣出口量大幅增加，以農業為例，光是上年度出口金額便已達 30 億美元，其中大米出口量就超過 10 億美元。而成衣製造方面，包括鞋、服裝和箱包等加工出口的總值，也有 23.32 億美元之多。在單項產品出口方面則以天然氣獨占鰲頭，出口超過 31 億美元。

儘管經濟成長走勢強勁，但所幸通貨膨脹未隨之上揚，反自 2016 年度 6.8% 緩降至 5.3%，主要反映出食品通膨率下降，以及農業生產恢復元氣等有利因素，再加上緬元匯價相對持穩定，近三年來均維持一美元兌換 1,009~1,366 緬元之間，均有助於抑制通膨、平穩物價。

信貸成長卻逐漸趨緩，由 2016 年度的 25.5% 放緩至 2017 年的 21.2%，而貨幣供應增長則從 19.4%，放緩至大約 16.5%，也反映出緬甸政府想藉由貨幣政策進一步遏制通貨膨脹。

唯一表現較爲遜色的是外資投入的金額與幅度持續放緩，2017 年與 2016 年相比，外資投入由 66.49 億美元銳減至 57.18 億美元，降幅高達 14%，主要原因包括新政府甫上臺祭出新投資法，但經濟政策走向尙不明朗，且相關細則與配套也未能及時到位，以致行政改革緩慢，難以吸引外資投入之外，影響最大的還包括緬甸政府迫害羅興亞族造成 70 萬難民流離失所一事，歐美各國強力譴責並揚言制裁，導致投資人紛紛卻步觀望，不敢大膽投資。

由於緬甸政府極力振興國內發展、提升社會進步，大舉增加包括對電力基礎設施、醫療保健、教育及社會福利等支出，財政赤字也因而逐年擴大，從 2016 年度占 GDP 之 2.5%，增加至 2017 年 GDP 之 3.5%，政府爲了控制財政赤字也通過一連串新做法，力求控制財政赤字於 GDP 的 5% 以內。

儘管新政府上臺之後對內對外均積極建設，力求轉型進步，但外國投資信心稍嫌卻步，本地企業近兩年的投資態度，也趨於保守與觀

望。根據企業主經商信心度調查結果顯示，本地商界人士對緬甸未來經濟發展的樂觀程度，已經由 2016 年的 73% 大幅度銳減至 49%。

緬甸當局深知經濟發展影響深遠，牽動國內的政局與國家發展，因此積極研擬新法案與政策以吸引國內外資金持續投入，並從法律層面真正意義上地保護投資者權益，以求達成振興經濟、產業發達與國家繁榮發展的目標，《新公司法》與《新投資法》便是兩部因應而生的重要法規，改寫了以往對本國公司和外國公司的認定標準，大幅放寬外國資金投入本地公司的資本規定。

此外，也放寬對中小企業的規定，並取消每年審計中小公司的制度，另外有關公司成立結構的規則，公司種類將由按照公司資本定性改為按照公司人數定性，舉凡外國人股份占 35% 以上的公司，便被定性為外資公司，如此將有助於國內企業邀請外資企業合資經營發展業務，讓外國人在緬甸經商更具彈性與空間。

新投資法「兩法合一」整合了原外商投資法及緬甸公民投資法，其公布與實施象徵著新政府進一步落實執政以來的新經濟政策，新投資法中與投資者權益保護相關部分條款涵蓋享受國民同等待遇、外資可享有的權利、土地使用權相關法規、勞務聘用、投資保險、財務轉讓等等，是一部先進的法律，但卻也不代表從此外商將可享有如同緬甸公民完全無差別的待遇，例如新法的第 76 條規定緬甸政府得提供補助、資金、培訓予緬甸投資人及中小企業。

緬甸新投資法在農業、工業生產、基礎設施建設，中小型企業、旅遊業、國內生產技術轉讓、培養熟練技術人員、對欠發達地區的投

資等 8 個領域將給予外資優惠政策，並享有 7 年的免稅政策。對「外銷型」的企業，進口原材料及半成品供生產出口產品之用，得享受減、免關稅及其他境內稅收待遇；若非「外銷型」的企業，則僅能享受退稅的待遇。

對於外國人、外資企業不得享受超過一年之不動產利益，以及除法定如化肥、種子、殺蟲劑、醫療器械、及建材等品類外，外國人或外資企業不得從事貿易的兩個主要限制，新投資法也並未加以放寬，依然維持「緬甸投資許可」制度，以維持國家戰略產業、重資本投入產業、對環境及社區有重大影響的項目、使用國有地及建物等重大產業整體管制的架構。

除了吸引國內外企業資金投入外，緬甸國內市場也是新政府積極經營、力求振興突破的重點。但從緬甸的產業發展結構來看，光是農業相關就業人數就占約總人口的 70%，因此發展農業和提高農民所得，可謂是政府推動經濟發展的首要目標。

農業要提高產量，在農機設備與器具，必須加以重視，如土壤添加物、肥料和農作物育苗等農技相關產品、技術和服務，都是政府積極發展、尋求合作的項目，此外當地業者也不斷對外尋求適當的食品加工和保存的設備與技術，透過提升農業現代化的方法，來增加產品的附加價值。

汽車業可謂是緬甸新興的潛力產業之一，在緬甸九成以上的車輛是二手汽車，自國外進口至國內後再針對局部改裝，本地業者雖有車體板金和內裝整飾的加工能力，也發展出翻修和製作部分汽配耗材零

件。但產品品質參差不齊，極可能影響車輛使用的安全性。

再加上過去二手車來源多來自日本，但緬甸自 2018 年起實行新規定，要求進口左駕車輛，未來日製的右駕車輛將再無銷售空間，因此包括美國、中東、韓國和中國大陸的車商紛紛摩拳擦掌，看準時機進軍緬甸汽車市場，其中韓國現代汽車已宣布將在緬甸組裝小型巴士，而中國業者也跟進，在當地組裝生產大型客運巴士，緬甸汽車市場後續發展潛力無窮，一片看好。

在電信市場方面，緬甸自 2014 年通過電信法，開放外國電信運營商進入市場以實現加強電訊基礎產業發展的政策，該年旋即開放 Telenor 和 Ooredoo 兩家外國電信業者提供行動通訊服務後，對電信產業的發展帶極大變化。

以往由緬甸國營電信公司 MPT（Myanmar Post and Telecommunication）主導的年代裡，一張 SIM 卡曾經賣價高達 1,500 美元的天價，但自 Telenor 和 Ooredoo 兩電信公司進入市場後，2015 年 SIM 卡售價大幅調降到 1,500 緬幣，約 1.3 美元而已，差別之大令人稱奇。

緬甸電信市場蓬勃發展、商機無限，根據統計，2017 年緬甸流通的 SIM 卡總數已超過 4,300 萬，2018 年起連本地原隸屬軍方的電信業者更與越南的 Viettel 合資設立的運營商 Mytel，也正式開通基地臺加入市場營運，並以對本地農業族群加強推廣發展專屬服務作為初期目標，足見電信市場競爭之激烈。

隨著 ISP 供應商不斷提高網速的增加、行動通訊用戶人數快速增加、網路使用率逐年提升，應運而生的，是許多企業看準網路世

代的商機，投入電子商務市場。緬甸電子商務主要是透過網購平臺和社群網站來進行線上購物，最受歡迎的社群網站包括 Facebook、WeChat、與 Viber。

如同全球年輕人熱衷於社群網站、喜愛線上購物的方便性一般，緬甸年輕人對於電子商務接受度非常高，目前境內起碼有 30 多個線上購物及服務網站，其中不乏全球性的公司和當地知名企業，如 Omyanmar、Shwe99、Yangon online Store、Myanmar Mart 等等。

不過電子商務的經營也有其急需突破的困境，由於緬甸人民長久以來習慣以現金作爲商業交易的支付工具，信用卡使用率及線上支付系統並不普遍，因此緬甸現階段眾多政府 IT 部門還在致力於開發多項線上支付系統，包括 Myanpay、移動貨幣、MPU 等，以作爲支持電子商務發展的基礎。

由於緬甸 ICT 基礎建設相對薄弱，網路設備又成本高昂，導致網路用戶數量未能普遍全國各層次，雖然目前公私企業部門均已積極投入資訊通信技術的發展、開發網路與寬頻的供應和需求服務，但包括用戶本身缺乏對資訊化和電子商務的認知、智能手機和資通訊設備的成本，以及服務本身的費用居高不下。再加上專業技術人員不足、政府政策改革緩慢、立法授權也尚未完備，均成爲阻礙緬甸電子商務發展的絆腳石。

在工業方面，緬甸工業產值占國民生產總額的 20%，主要來自石油和天然氣開採，缺乏現代化工業，既無大型煉鋼廠、也無輕油裂解廠與石化廠鋼廠，大部分的工業多爲小型製造產業，以及少數小型

煉爐與鋼筋軋製廠，包括所有鋼板與鋼構零件、石油煉製品與石化原料，以及 PE、PP、PET、PVC 等基礎塑料，都來自於國外進口。此外，也幾乎沒有電子產品組裝廠，僅有中小型軟體廠商，而紡織業也以成衣加工廠為主，不僅原料均由國外進口，也缺少上、中游的產業鏈。

工業發展除了需要原物料供應之外，更需要相關基礎建設如電力電信、道路橋樑和碼頭港口等的支持，但以電力而言，緬甸目前電力覆蓋率僅達全國的 40%，以致全國發展中城鄉生活水準差距極大，因此緬甸政府規劃增加投資，以燃煤和然氣等火力發電廠，將作為未來全國電網主要新增電力的來源。中小型水力發電廠和包括簡易太陽能發電等綠能設備，將作為供應偏鄉地區中小村落的電力需求，如此提高發電總量並擴大電網建置，以達成 2030 年全國供電的目標，作為全面提升國家發展、永續經營的基礎。

緬甸全國分為 7 個省和 7 個邦，目前人口約有 5,385.5 萬，男女比例為 48：52，人口分布主要集中在仰光省約有 700 萬人、曼德勒省 600 萬人、伊洛瓦底省 600 萬人，撣邦有 580 萬人，實皆省有 530 萬人，勃固省有 480 萬人，首都內比都有 100 萬人，其餘人口數超過 10 萬的城鎮則有 31 個。

全國勞動人口達 3,500 萬，其中農業就業人口最多高達 70%。緬甸人口中 34% 居住於都市中，以從事自營生意為主，其餘 66% 人口則分布於鄉村，多從事於農、漁、林業等，城鄉貧富差距大。

仰光市居民平均最為富裕，而欽族（Chin）、若開邦（Rakhine）、和撣邦（Shan）等三個邦的居民最貧窮。緬甸人識字率近乎 96%，教

育程度高中以上占 33%，國小入學率 90%、國中入學率 58.3%。目前基礎教育學校 40,876 所，大學 108 所，師範學院 20 所，科技大學與技術學院共計 63 所。

若以平均每人國民所得以購買力平價指數（PPP）計算，緬甸人均所得約有 1,400 美元，具有實際消費力的人口規模約有 1,100 萬人左右，集中於內比都、仰光、曼德勒、東枝等觀光旅遊熱門地區，以及商業貿易活動熱絡的大城。

家庭每月平均支出約 140 美元，都會區家庭每月平均支出較高，約達 300 美元。一般民眾並無特殊品牌忠誠度，消費習慣採取「價格優先」模式，喜好打折促銷活動、追求物超所值，一般時候逛購物中心只是當作休閒活動，而非真正為了購物需求。

緬甸 70% 家庭擁有電視等影音產品，都市居民以電視為獲取資訊的主要管道；鄉村居民生活則多以收聽收音機廣播為主。家庭設備中 10% 的家庭裝有冷氣，三分之二家庭擁有行動電話，僅 2% 家庭裝設網際網路。

在交通方面，約每 2 個家庭便擁有 1 輛自行車，每 1,000 人擁有 18 輛汽車，其中，37% 家庭使用摩托車作為主要交通工具。

緬甸國民所得近年已逐步增加，尤其勞工方面，每日最低工資自 2016 年調漲到 3,600 緬幣，到 2018 年又再度調升為 4,800 緬幣，折合約 3.6 美元，調整幅度超過 30%，十分驚人。

但相對於其他地區，勞力成本依然相對便宜，因此仍吸引不少外資、特別是代工廠業者飄洋過海來緬甸設廠，然而根據緬甸現行工資

法規定，主管機關每兩年必須重新審定基本工資，若考慮這幾年緬甸物價通膨率的增長幅度，再加上房租與房產價格大漲的壓力，未來民選政府極有可能再度調漲基本工資，以換取人民選票的支持。

根據緬甸「勞工、就業與社會保障部」新近制定的國民最低工資標準規定，雇主必須支付本地勞工在試用期間 75% 的最低工資，試用期滿合格後，必須依照新國民最低工資標準規定支付勞工薪資，且若無特殊理由不得任意解雇勞工，這些保障勞工權益的規定，對資方而言卻是節節上升的成本壓力，特別是以勞力密集為主的代工產業，極有可能在計算生產成本後決定退場，轉而投資其他人力成本更為便宜的國家及市場。

一般而言，緬甸員工個性溫和，不易與人起爭執，但也因性格溫吞，在工作效率方面就遠不如其他如中國或越南的員工積極。但必須注意的是，緬甸人自尊心方面較強，較難接受嚴厲的喊罵管理方式，再加上傳統農村社會的習慣，許多員工都是同村或同家族，同時進入工廠工作的形式，彼此的連結性十分強大，因此在管理方面要特別留心同進同退、同時跳槽的狀況。

由於國家早期對高等教育的投資不足，大部分的員工缺乏專業技術，只能從事工作項目較為單純的工作，例如餐飲、零售服務業等。但無法否認的是，近幾年緬甸的投資熱潮確實吸引不少外資企業設立公司和辦事處，也創造了中、高階經理人的高度需求，然而正因為過去長年的經濟封鎖政策與教育投資的缺乏，中、高階經理人在人力市場的需求遠超過供給，不僅專業經理人與專門技術人員數量嚴重不

足，中間階層的行政事務族群也相當缺乏，以致整個社會薪資結構呈現 M 型化，跳槽風氣盛行。

目前緬甸有三大經濟特區，首先是迪洛瓦經濟特區，位於仰光南方約 25 公里處，為緬甸與日本共同合資開發，主要發展項目為輕工業與消費品製造業。其次是土瓦經濟特區，位於德林達依省南部，為緬甸、泰國與日本共同合資開發，主要發展項目為服裝製造業、食品加工業、重化工業，以及土瓦深水港的開發。最後是皎漂經濟特區，位於若開邦西部，為緬甸與中國共同合資開發，主要發展項目為區域物流、石油及天然氣、加工業、服裝製造業，以及皎漂深水港的建立（中國持股 70%，緬甸持股 30%）。

相對於一般勞工月薪介於 60 美元至 150 美元之間，國際企業經理人開價可達 3,000 美金以上，而一般企業經理人薪資也喊到了 400 美元的水準。然而，這些高薪員工的表現卻往往與其高報酬不成比例，很多企業最後不得不捨近求遠，選擇從海外延攬人才、或是乾脆直接引進整個團隊以確保工程的進度與品質。

8.5 緬甸不動產市場發展與潛力

緬甸新政府深知與國際社會連結，引入外資振興國內經濟發展的重要性，因此近年來陸續推出相關法令與政策，鼓勵外籍人士開發境內房地產。目前外資在緬甸投資的項目中，很大部分均集中在餐飲服務、房地產和相關的產業等。

土地是重要的生產要素，對外國企業而言，如何取得土地，更

是投資設廠的首要之務。然而，緬甸的對外開放政策也並非無所節制地完全開放，而必須採取有效的管制手段，以限制外國人對土地的利用，也確保本國人仍然享有一定程度土地支配權。依據 2012 年外商投資法設立的特許公司，經「緬甸投資委員會」許可，方能享有簽訂數年租約的特許權：不超過 50 年外加兩次 10 年的展期，最長可達 70 年。而依據 2014 年緬甸經濟特區法，可享有簽複數年租約特許權限，不超過 50 年者，外加一次 25 年的展期，最長可達 75 年。

又根據 2013 年緬甸政府頒布的「緬甸外國投資法實施細則」，建設、銷售及租賃住宅或公寓，都必須以緬外合資的形式進行，對於三星級及三星級以上的酒店項目，則可允許 100% 由外資開發。但在前述合資的比例上，儘管法規沒有明文規定，不過從實際操作的案例中，一般批准的房地產項目關於外資持股比例，通常不會超過 80%。

緬甸房地產市場曾經一度炙手可熱，但自 2016 年起開始逐漸降溫，價格也將下調，一般認為主要原因與新政府未能調整相關稅率有關，另外就是因為房地產最熱絡的仰光省，省長已經表態要管控房地產市場，也澆熄了不少有意投資房地產者的興趣。

根據現行緬甸房地產相關稅法規定，買進房產在扣除減稅後，必須繳納 10% 的收入稅；賣出房產則需支付 4% 的交易稅，而持有房屋出租者，應繳交房屋出租稅 10%。另外規範外籍人士房地產投資法規中，規定看房時應收取每小時 10 美金的費用，以涵蓋汽車、司機、汽油、翻譯等相關支出費用，但此項服務費可在完成簽約手續時予以退還。

　　大抵而言，相關規定對買賣雙方而言，並不算過於嚴苛，但有鑑於房地場市場的曾經榮景，因此緬甸政府自 2016 年起，又另外頒布一連串友善外資進場的新法，例如《新公寓法》便放寬外國人持有本地不動產的規定，允許外籍人士購買公寓，並僅規定同一棟公寓大廈的購買套數不得超過其 40%，藉以吸引更多國外資金流入，活絡本地的房地產交易市場。

　　所謂「外籍人士」，係指具緬籍國民（持有緬甸紅卡的人）、緬甸客籍人士（持有緬甸藍卡的人）、緬甸准入籍人士（持有緬甸綠卡的人）等身分以外的人，這類人士在購房前，均需事先諮詢註冊管理人，並且購房時只能使用合法從國外匯入緬甸的外匯收入購買，此外在完成購房手續後，便可獲得統一註冊與城市，房屋發展部門頒發的房屋產權證，可自由出售、抵押、出租或轉租所持有的房產。

　　2017 年 12 月進一步發布的公寓法實施細則中，則明定外籍人士可以投資建設公寓房項目，也可以作為項目的合資商，只是必須事先得到國家投資委員會的批准。待標的建築建成後，投資商或者合資商最少必須出售 75% 的公寓房，其中 25% 的公寓房可使用一人的名義進行註冊。

　　又公寓房的外籍投資商或合資商，當然有權出售的公寓物業，只是若出售給外籍人士，便需要事先諮詢註冊管理人，再由註冊管理人通報公寓監管委員會，便可以開始這場交易買賣。倘若公寓房計畫未來將另作其他用途時，在開始動工建設之時，就應該與一般住戶樓層分開建設，且另設商業用途的出入通道，並清楚列出具商業用途的房

間數、類型、面積等相關規劃圖，以保障一般住戶的權利。

　　除了房地產買賣交易之外，許多不需要設置廠房的小型企業或是被派遣至此的員工與家庭，也創造出為數可觀的房屋租賃需求。然而，由於緬甸的交易習慣是無論是個人住宿，還是經營店舖，都必須一次繳清一整年份的租金，因此，對小額投資人而言，這無疑是最大的支出，一般甚至會占初期資金的 40~50% 之多。

　　因此，對小額投資人而言，這無疑是最大的支出，一般甚至會占初期資金的 40~50% 之多。不過隨著外資湧入的數量逐年增多、房地產市場競爭越發激烈，傳統一次付清的租賃模式在近兩年也開始產生變化，漸漸有屋主願意接受每半年一付，或是每三個月一付的方式，希望藉由更為彈性的付款方式將房屋租出。

　　目前緬甸辦公室的租金是東南亞各國裡最高的，特別是在第一大城仰光，租金在二年之內狂飆升 4 倍之多，每平方公尺可達 90 美元，是印尼雅加達的 2 倍、越南胡志明市的 3 倍，也比新加坡貴上 36%。

　　理論上如此龐大的租金壓力應該會削弱緬甸的競爭優勢，但就現實而言，當地的不動產仍然吸引投資人的高度興趣，特別是當國際企業紛紛投資緬甸、來自海外的中高階員工日益增加、觀光客數量也逐年增長之時，緬甸的辦公室空間供給嚴重不足，個人與家庭屋租賃需求又提高，飯店客房數量供不應求，導致租賃成本與旅宿費用不斷攀升，也顯示出緬甸不動產市場的高度潛力。根據國際房地產研究公司（Lamudi）的緬甸部門 House.com.mm 最近調查顯示，10 萬名旅客裡就有 75% 表示有意願買進緬甸的房地產。

此外，即使住房租金高昂，許多在緬甸工作的外國人依然選擇租住高檔住宅，特別前幾大主要都會區，高檔住宅的出租率占整體不動產市場的 85%，再者，也有越來越多人傾向直接買入房地產而非以租賃的方式來擁有首幢在緬甸的住家。

整體而言，緬甸地廣、發展較慢，房地產市場富具潛力、未來成長性可觀，特別是第一大城仰光更是蛋黃區中的蛋黃，許多知名建商早已紛紛搶灘卡位，以免錯過這一波商機與錢潮。

8.6 結語：掀開緬甸蓄勢待發的神祕面紗

緬甸曾在長達半個多世紀的時間裡經濟蕭條、發展靜滯不前，一直屈就為全世界最貧窮的國家之一，但隨著第一個民選政府的誕生、致力於改善民生生活，曾經與世界隔絕、沉睡多年的萬塔之國，終於從靜止的時間中甦醒，各項發展蓄勢待發。

緬甸歷史文化悠久，佛法大愛遍及社會各階層，人民性格樸實溫和、樂善好施，整體而言不僅自然條件優良、土地肥沃、資源豐富，位置上更是連接印度洋與東南亞國家的重要通道。隨著民選政府上臺執政，基礎建設、市場規範政策、稅收法案、金融支持體系等逐步到位，投資環境將越發完善，十分有利於國際企業進場投資，特別是房地產市場的潛力更是令人驚豔與期待。

儘管目前大多數緬甸人民的所得及消費能力尚不足與先進國家相比，但隨著經濟開放程度日益提高，品牌與流行文化逐漸進入市場，

緬甸人的消費習慣早不再如同以往僅僅著眼於優惠的價格而已，而是越發重視商品的功能、品質與設計，因此國際品牌也紛紛趁此時機進場插旗。

　　綜觀緬甸整體發展，隨著國內政局越發穩定、現代化的建設與國際接軌、各項產業蓬勃發展，曾經「遙遠郊外」的國度，如今已揭開神祕面紗，以潛力無窮之姿重新回到世人期待的目光中了。

第 **9** 章

汶萊
東南亞的杜拜

汶萊達魯薩蘭國
（Negara Brunei Darussalam）

· 國花：康定杜鵑
· 國鳥：白腹海鵰

體制與領導人	單一制君主專制 蘇丹兼國家元首：哈山納‧包奇亞陛下 王儲：穆赫塔迪‧比拉 首相：哈山納‧包奇亞陛下	國內生產總值（GDP）	129.3 億美元（2015） 114.0 億美元（2016） 121.3 億美元（2017） 120.3 億美元（2018）
土地面積	5,765 平方公里 （約臺灣的 0.16 倍）	人均GDP 所得	30,968 美元（2015） 26,939 美元（2016） 28,291 美元（2017） 27,601 美元（2018）
人口	42.13 萬人（2018）	GDP經濟成長率	−0.6%（2015） −2.5%（2016） 1.3%（2017）
族群	馬來裔（70%）、華裔（15%）、原住民（3.4%）、印度裔（2.3%）、其他（9.3%）	通貨膨脹率	−0.4%（2015） −0.7%（2016） −0.2%（2017） 0.0%（2018）
首都	斯里巴卡旺	產業結構	農業（1.2%） 工業（56.5%） 服務業（42.3%）
語言	馬來語	貨幣單位	汶萊幣（Brunei Ringgit）
宗教	伊斯蘭教遜尼派（70%）、佛教（12%）、基督教（9%）、印度教和其他（9%）	匯率（兌換美元與臺幣）	1.58 汶萊幣（兌換 1 美元） 0.05 汶萊幣（兌換 1 臺幣） 汶萊幣與新加坡幣連動 1：1 方式

資料來源：中央銀行、IMF、World Fact Book、CEIC Data，https://cn.knoema.com/atlas/文萊達魯薩蘭国。

汶萊灣
Brunei Bay

南海
South China Sea

斯里巴加灣市
Seri Begawan

摩拉縣
Muara

馬來西亞
Malaysia

汶萊
Brunei

都東縣
Tutong

淡布隆縣
Temburong

汶萊
Brunei

馬來奕縣
Belait

馬來西亞
Malaysia

馬來西亞
Malaysia

資料來源：臺泰交流協會彭淑菱祕書製作。

9.1 汶萊地理和歷史背景

汶萊達魯薩蘭國（馬來語為 Negara Brunei Darussalam ），也作汶萊和平之國，簡稱汶萊或文萊，舊亦稱「婆羅乃」。汶萊從 8 世紀開始有人定居，在中國歷史的唐朝史籍中稱婆利，明朝史籍中稱汶萊，亦有古籍稱之為勃泥或渤泥。汶萊是北婆三邦之一，位於婆羅洲北岸、南中國海南岸，整個國土被砂拉越所分割、環繞。

14 世紀，汶萊脫離爪哇的控制而立國，15 世紀，受阿拉伯商人影響，汶萊成為一個穆斯林國家，汶萊國王皈依伊斯蘭教。到了 16 世紀，汶萊帝國（中國文獻稱之為「渤泥國」）一度非常強大，控制了婆羅洲北部大部分地區，國土包括菲律賓南部、砂拉越以及沙巴，成為了東方和西方世界貿易體系的重要樞紐；16 世紀之後，由於歐洲列強入侵東南亞，汶萊帝國首先與西班牙人發生劇烈衝突，但不幸戰敗，丟失了在菲律賓的所有領土。

1770 年代，汶萊受到英國勢力侵入，逼迫簽訂了一系列不平等條約，干涉內政、限制王權；1888 年，汶萊淪為英國殖民地，所有政務都由英國來處理，此後汶萊因發現了石油資源，英國也掌控了汶萊的石油資源，從中獲得了高額利潤；1941 至 1945 年，汶萊被日本占領，經濟再度受到嚴重破壞，民不聊生，二戰結束之後，日本作為戰敗國撤出汶萊；1946 年，汶萊恢復為英屬保護國，然而英國也經過二戰的洗禮國力耗損，對汶萊的管控也有些力不從心。

1959 年，汶萊與英國簽訂協定，規定國防、治安和外交事務由英國管理，其他事務由汶萊蘇丹政府管理；1971 年，汶萊與英國重

新簽約，規定除外交事務和部分國防事務外，汶萊恢復行使其他所有內部自治權，汶萊實現內部自治；1978 年，汶萊蘇丹赴倫敦就主權獨立問題同英國政府談判，並締結友好合作條約，明定英國將於 1984 年 1 月 1 日放棄掌握汶萊外交和國防的權力，汶萊可以宣布完全獨立；1984 年 1 月 1 日，汶萊脫離英國和平獨立。

汶萊於完全獲得獨立一周後的 1984 年 1 月 7 日加入東南亞聯盟。汶萊的外交關係中，與東南亞國家的關係處於優先地位。汶萊於 1984 年 9 月加入聯合國。汶萊也是伊斯蘭合作組織、亞太經合組織、大英國協的成員國。

獨立之後鄰國馬來西亞有非常強的意願想和汶萊合併成一個國家，當時汶萊的領導人也同意了，但後面因為在利益分配上引起民憤，合併這件事也就不了了之，而只是加入了東南亞聯盟。

汶萊土地面積 5,765 平方公里，不到臺灣六分之一大，是東南亞面積最小、最晚獨立的國家。汶萊人口約 42.13 萬人，種族包括：馬來人約占 70%，華人約占 15%，大多為福建金門移民，大部分通曉中文。

汶萊位於馬來群島中最大島嶼婆羅洲（Borneo）西北角，加里曼丹島西北部，北臨南中國海，其餘與馬來西亞砂磏越州接壤。汶萊土地面積 5,769 平方公里，約為臺灣 16%，海岸線長約 161 公里，沿海為平原，內地多山地，有 33 個島嶼。東部地勢較高，西部多沼澤地。

汶萊國內共分為 4 個縣（daerah）：1. 汶萊摩拉縣為汶萊最小的縣，首府斯里巴卡旺市（Bandar Seri Begawan）位於此縣境內，面積 571

平方公里，人口有 29 萬 3,300 人。2. 馬來奕縣為汶萊最大的縣，面積 2,724 平方公里，人口有 6 萬 9,600 人。3. 淡布隆縣與汶萊本土隔著汶萊灣相望的孤立飛地縣，面積 1,304 平方公里，人口有 1 萬 100 人。4. 都東縣，面積 1,166 平方公里，人口有 4 萬 8,300 人。

9.2 汶萊政治體制

1959 年英國與汶萊協定，汶萊成立自治政府並頒布憲法，外交及國防由英國負責，直到 1984 年 1 月 1 日汶萊宣布獨立，同年 2 月 23 日結束與英國之保護關係。汶萊憲法訂於 1959 年 9 月 29 日，依據憲法，汶萊政體為馬來回教蘇丹王國（亦即繼承馬來文化傳統，以回教為國教，並以蘇丹為元首），蘇丹為世襲國家元首，擁有最高行政權。

汶萊是東南亞面積最小、最晚獨立的國家，也是保留蘇丹家族世襲統治的回教君主政體國家。汶萊的蘇丹，沿襲自 14 世紀以來世襲的王朝，是國家和政府的領袖和軍隊司令，蘇丹以國家元首身分兼任汶萊總理。汶萊王室自 1363 年至今已有 600 多年，王朝君主制延續 29 世，是亞洲除日本菊花王朝現存最長的王朝。而汶萊王室積極推行王族內部通婚政策，即是為了鞏固馬來人政權以及維持其王室政權的合法性，也是保持其王室血統純正的重要舉措。

汶萊政治體制為君主政治，由君主（蘇丹）兼任享有實權的國家總理，國家最高權力機構為總理府（蘇丹／國家元首辦公室），下分行政部門、立法部門、司法部門。除了總理辦公室，汶萊設有 12 個

政府部會，亦有部長是由王室成員出任。汶萊政府的結構與施政，基本上不脫離汶萊化、馬來化及伊斯蘭化等主軸。雖然汶萊市場小，但是八至九成的汶萊人都在公部門或國營事業上班，汶萊公部門約占三分之二的經濟份量。

汶萊立法議會（Legislative Council），即汶萊國會，掌管法律案之提出與通過、預算控制、政府施政之監督等。汶萊並不實行民主制度，汶萊全部國會議員由蘇丹任命，沒有民選立法機關。

在 1984 年汶萊獨立初期，政黨活動進行了合法化，然而在 1988 年被禁止。目前汶萊有三個政黨，汶萊國家發展黨（National Development Party Brunei）、汶萊國家鞏固黨（Brunei National Solidarity Party）與汶萊人民覺醒黨（Brunei People's Awareness Party），因政黨受到嚴格控制，鮮少有政黨活動。

汶萊現今第 29 任蘇丹哈山納包奇亞（His Majesty Sultan Haji Hassanal Bolkiah）兼總理、國防部長、財政部長，主導汶萊政治、經濟、社會、文化及宗教事務。蘇丹哈山納包奇亞陛下以親民愛民且慈祥的形象，在全國上下樹立了很高的威望，其在位期間政局穩定，治安狀況尚屬良好，他登基已超過 50 年，是東南亞目前在位最久的君主。

汶萊王子馬丁（Mateen）更是一位網路紅人，社群媒體超過 75 萬人追蹤，王子亦是東南亞王室及政治世家的亮麗縮影：畢業於歐美名校、形象健康、帥氣，不時張貼騎馬、滑雪等生活照，更曾接受時尚雜誌專訪。

因為國家富有，汶萊的王室也成為世界上最富有的王室，根據美國《富比世》（Forbes）排行榜，英國皇室在前十名都不見其蹤影，而汶萊皇室的資產多達 220 多億美元，是英國女王的 36 倍之多，穩居榜首。

在政府社會福利方面，汶萊因石油與天然氣而成為富裕國家，因此政府的社會福利相當完善，幾乎可以說「從搖籃到墳墓」都由國家包辦，食衣住行育樂很多方面都有政府補助，例如國內水、電、汽油皆獲得政府津貼，房屋補助、國家分配公屋（僅收取非常低廉的租金），教育免費、醫療等支出多數都由政府負擔，國民享有廉價醫療服務，更以不須繳交個人所得稅（免稅）而聞名，甚至國民出國留學和就醫的費用國家都能給予報銷。例如某些到海外就醫的個案，病患本人與隨行家屬都可以向國家申請全額補貼機票、食宿與醫療開銷，足見政府對人民的照顧。

汶萊居民分為三個級別：汶萊公民、汶萊永久居民和汶萊普通居民，分別享受不同的社會福利。

汶萊公民的身分證為黃色，享受公立學校的免費教育，住房上享受免費的公房或得到高額的住房補助自建房屋。醫療上享受幾乎免費的治療。無論大病還是小病，汶萊公民每次只需要花 1 汶萊幣，其餘費用均由國家負擔。

汶萊永久居民身分證為紅色，除了不能申請汶萊護照（只能得到汶萊旅行證），其他方面享受的社會福利也不比汶萊公民差多少。教育、住房、醫療上的福利與汶萊公民幾乎一樣。對於汶萊永久居民，

每看一次病費用均為 3 汶萊幣。

　　汶萊普通居民一般是那些在汶萊工作的外國人，為汶萊國家部門工作的汶萊普通居民都會得到一張綠色的身分證。擁有這張綠色身分證同樣可以享受免費的醫療（僅限於常見病），但不能享受其他社會福利。

9.3　汶萊社會文化

　　近年來，汶萊全面實行伊斯蘭刑法也引發爭議。自 2014 年起，汶萊分階段實行「伊斯蘭律法」（Sharia Law），亦即將伊斯蘭律法全國化，涵蓋不同信仰的全體國民。舉例來說，同性戀性行為將可被判處死刑，更可能被處以「石刑」，引起國際人權團體表示疑慮；而穆斯林每年的齋戒月，更發布禁止公開進食的規定，包括非穆斯林信仰的國民都須遵守。

　　這些措舉雖然引發外界或外國人士批評，揚言抵制汶萊王室在全球開設的高級連鎖飯店，但是亦有汶萊民眾認為，汶萊早在 14 世紀末期就已經實行伊斯蘭律法，直到 19 世紀末成為英國殖民保護國，才採用普通法，目前僅是要恢復政教合一的初級階段，且汶萊蘇丹仁慈愛民，自 1957 年至今，汶萊就沒有再執行死刑，在汶萊實行伊斯蘭律法，並非如外界所想恐怖。

　　汶萊媒體更有嚴格的自我審查，尤其在宗教及政治新聞報導，乃至民間獨立監察機構難以成立，而汶萊蘇丹形象親民，民眾經常可在各大場合見到蘇丹與人民會面，也造成民眾長期依賴國家福利，公

民社會的發展亦顯薄弱，尚未建立獨立的公民團體，根據自由之家（Freedom House）的年度報告，汶萊更是東南亞公民自由程度最低的國家之一。

即使如此，汶萊的非穆斯林民眾仍可在國家規範之下找到例外，汶萊禁止販售酒類，但仍可找到少數可飲酒的娛樂場地，華人餐廳亦可販售豬肉，齋戒月時亦有遊客白天低調到餐廳用餐，只須避免張揚。

在汶萊人口與族群方面，根據汶萊經濟策劃發展局發布人口統計顯示，截止 2017 年上半年，汶萊總人口共有 42 萬 1,300 人，較 2016 年同期增加 0.97%；其中馬來族 27 萬 7,300 人，占總人口 65.8%；華裔 4 萬 3,100 人，占總人口 10.23%，以及其他種族 10 萬 900 人。汶萊男性人口共有 21 萬 6,400 人，占總人口 51.36%；女性人口有 20 萬 4,900 人，占 48.64%。

其中華裔人口大部分為福建人（金門人為主）；其次為廣東人、客家人、潮汕人、海南人及興化人等。通用語為福建話（閩南語）及各籍貫語言。華人大多活躍於商界，對當地商業具有重要影響力。

在語言使用方面，汶萊官方語言是馬來語，也使用英語和閩南話，因為汶萊華人絕大多數是來自於福建和廣東的移民及後裔，所以他們之間的通用語是福建話（閩南語）或客家話而不是華語（現代標準漢語、國語和普通話）。

在文字使用方面，以馬來文和正體中文為主，而馬來文除了和馬來西亞一樣使用羅馬字外，傳統阿拉伯字母書寫的爪夷文也具有相同

的官方文字地位，是少數目前仍然通行爪夷文的國家。

在宗教方面，包括有伊斯蘭教（官方）、佛教及基督教等。伊斯蘭教爲汶萊國教，蘇丹是汶萊伊斯蘭教的領袖。伊斯蘭教徒占人口的70%，佛教徒占12%，基督教徒占9%。因回教戒律之故，汶萊人除了不吃豬肉，汶萊政府也禁止公開販售香菸、酒類飲品。

在交通與觀光旅遊方面，汶萊基礎交通設施相當完善，交通及通訊發展水準優於東協大部分國家，海陸空交通便捷，汶萊的深水摩拉港，具物流發展潛力。還有高速公路連接國內重要地方，東至斯里巴卡旺市，西至馬來西亞邊境。國內只有一個機場爲汶萊國際機場，通航十多個國家，航點主要爲東南亞及大洋洲一帶，與亞洲各大都市皆有直航班機，到曼谷、雅加達、吉隆玻、馬尼拉和新加坡的航班飛行時間都在二至三小時內。

汶萊由於石油價格低廉，多數國民都自行開車，所以巴士、計程車等公共運輸數量不多，也造成國內大眾交通不便，影響觀光旅客行程安排。近年來，汶萊積極發展旅遊觀光業，加強配套行程方案，吸引各國遊客前往汶萊當地觀光。此外，汶萊政府也開放外資前往投資大型飯店與大型購物中心，並開放投資渡假村，希望藉由外資大型投資，增加當地民眾就業並多吸引遊客觀光旅遊。

在網路購物使用方面，根據汶萊資訊通訊技術產業管理局（AITI）發布的電子商務調查顯示，服裝和配件在汶萊消費者網上購物項目中占73%，其次爲旅遊服務（50%）、化妝品和醫療保健（32%）、消費電子產品（31%）和應用程式等數位內容（26%）。

約 47% 汶萊消費者使用 eBay 網路平臺進行網購，其他依次爲 Zalora（36%）、亞馬遜（18%），以及 Ali Express 和 Lazada（分別占 11%）。

83% 汶萊受訪者使用智慧手機或手機進行網購，主因爲便利性和易於連接；其他依次爲使用筆記型電腦（50%）、桌上型電腦（28%）及平板電腦或 iPad（22%）。至付款方面，84% 受訪者喜歡使用信用卡或金融卡支付網上購物費用；其他依次爲使用網上銀行轉帳（36%）、電子錢包（27%）及貨到付款（19%）。

該調查結果也顯示，儘管 76% 汶萊消費者已使用電子商務網購，但約 24% 受訪者仍偏好光顧實體店，主因爲擔心信用卡和金融卡詐欺，以及擔心訂購的商品貨不對辦。

9.4 汶萊經濟發展

汶萊於 1929 年發現石油和天然氣後，一夕翻身，成爲世界上最富裕國家之一，但汶萊目前仍被視爲開發中國家。汶萊經濟高度依賴石油及天然氣產業，占汶萊全年生產總額六成以上，出口更有九成是石油及天然資源，國際油價波動高度影響汶萊的經濟。在經過幾次世界經濟衰退的影響，汶萊政府開始體認到國家經濟不能再單靠石油與天然氣出口維生，終究會有天然資源耗竭或是再次受到世界經濟衰退影響。

因此，汶萊政府開始鼓勵私營中小企業的設立，希望透過擴大民

間經濟活動，多元化發展汶萊經濟。汶萊除了發展油氣下游石化產業之外，也推動伊斯蘭金融及清真產業，投資物流與通訊科技產業，積極發展觀光旅遊業，吸引各國遊客前往汶萊當地觀光，增加對農、林、漁業及基礎設施建設的投資，並積極吸引外資，以加速落實「經濟多元化」的目標。

根據「經濟多元化」架構，汶萊未來發展的產業主要有食品醫藥、資通訊產業中心及各產業周邊服務體系等，並著重於能源、環保、健康、ICT、食品安全等新技術的開發。潛力產業包括：汽車及零配件、電器與電子產品、食品、鋼鐵製品及藥妝產品等。發展非石油與天然氣產業和中小微型企業，並加強從中國大陸、新加坡、巴基斯坦等國家招商引資，以擺脫對石油與天然氣出口的依賴。

汶萊在 2008 年提出了《2035 願景》（Wawasan 2035）國家發展戰略，旨在實現「國內人民皆受到良好教育且為高技術人才」、「人民生活品質排在全球前十名內」及「穩定且永續的經濟成長」三大目標，並制定：教育、經濟、政治及國家主權安全、政府機構發展、本土中小企業發展、基礎建設發展、社會保障與環境保護等八個戰略。

2035 願景中有一系列的國家發展目標，在經濟部分希望實現：1. 年均經濟成長率 5~6%；2. 石油日產量由當前的 40 萬桶增加至 80 萬桶；3. 大力引進外資參與能源產業相關的基礎建設；4. 積極發展銀行業和旅遊業使汶萊經濟來源多元化；5. 將汶萊打造為東協東部成長區（BIMP-EAGA）的中心。其中每五年制定一次《汶萊國家戰略、政策和發展綱要》，對於國家發展策略進行適當調整。

　　世界經濟論壇公布最新「2017~2018 全球競爭力報告」指出，汶萊的競爭力在全球 137 個參評經濟體中排名第 46 位，較上一年 58 名進步 12 名。依世界銀行公布的「Doing Business 2018」經商環境報告，汶萊在 190 個國家當中列第 56 名，排名較上一年 72 名進步 16 名。

1. 總體經濟現況

　　2015 年汶萊國內生產毛額（GDP）有 129.3 億美元，人均所得為 30,968 美元。2017 年汶萊 GDP 有 121.3 億美元，人均所得為 28,291 美元，雖屬高所得國家，但國際競爭力不足。根據 CIA 以產業別分析統計，2017 年汶萊工業、服務業及農業產值分別占 GDP 比例為 56.5%、42.3% 及 1.2%。

　　汶萊之經濟繫於石油及天然氣之蘊藏，受到國際油價低迷衝擊，汶萊 2015 年實質經濟負成長 0.405%。2016 年第一季雖然石油及天然氣生產擴充，但因第二季原油和液化天然氣（LNG）出口大幅下降，造成 2016 年實質經濟負成長 2.465%。2017 年因國際油價回升，實質經濟負成長 1.265%，經濟依然低迷。汶萊於 2016 年 12 月與 OPEC、非 OPEC 石油輸出國達成減產協議，期限至 2018 年 3 月，導致能源產量無法大量增加。根據 IMF 統計，汶萊 2018 年實質經濟溫和升至 0.608%。

　　在汶萊發展多元化經濟的架構下，汶萊也特別注重增加對農、畜、漁業的發展與投資，根據汶萊原產業暨旅遊部（Ministry of Primary Industry & Tourism）表示，過去 20 年來，汶萊的農業每年以 7.71% 速率成長，1998 年農業產值為 9,300 萬汶幣，至 2017 年其產

值已成長 308.6% 至 3.8 億汶幣（約合 2.76 億美元）。

　　近年來，汶萊畜牧業每年以 6.03% 的速率取得不俗成長，1998 年產值爲 6,600 萬汶幣，至 2017 年其產值成長 203% 至 2 億汶幣；種植業每年以 4.28% 速率成長，1998 年產值爲 2,700 萬汶幣，至 2017 年成長 122% 至 6,000 萬汶幣。

　　至於漁業方面，每年以 5.15% 速率成長，1998 年年產值 4,300 萬汶幣，至 2017 年成長 160.47% 至 1 億 1,200 萬汶幣；海產養殖業在衆多領域中成長最快，年成長率達 16.89%，1998 年年產值僅 200 萬汶幣，至 2017 年成長 750% 至 1,700 萬汶幣。海產加工業方面，以年均 14.13% 速率成長，1998 年年產值爲 1,413 萬汶幣，至 2017 年年值成長 55.7% 至 2,200 萬汶幣。

2. 通貨膨脹

　　汶萊國內水、電、汽油皆獲得政府津貼，使全球油價對當地消費者物價的影響力減弱，此外，汶萊貨幣與新加坡元等值，也有助於減緩當地物價波動。由於全球燃料與糧價走低，汶萊通貨緊縮，2015、2016、2017、與 2018 年汶萊消費者物價（CPI）年增率轉爲 -0.423%、-0.722%、-0.183%、0%。展望未來，汶萊經濟逐漸恢復成長，全球燃料與糧價回升，IMF 推估汶萊 2019 年 CPI 爲 0.1%，消費者物價穩定。

3. 財政情況

　　汶萊主要出口石油與天然氣，國內水、電、汽油皆獲得政府津貼，

國民享有廉價醫療服務，政府每年平均歲入約 50 億美元，收支多可平衡，惟最近受國際油價下跌影響，2015 與 2016 年汶萊財政轉爲赤字，分別占 GDP 比率 14.517% 與 21.48%，2017 年財政赤字占 GDP 比率爲 14.331%，財政不佳。2018 年國際油價回升，汶萊財政赤字占 GDP 比率爲 14.527%，2019 年將可降至 11.482%，財政赤字依然偏高。

因此，汶萊政府這幾年也開始跟人民計較起小錢，例如過往從不催繳的水電費，現在家家戶戶都得裝上讀卡機，得先買預付卡才能用電。

4. 就業情況

汶萊是人口稀少的國家，人口僅約 40 餘萬人，國內勞動力約 20 萬人左右，勞動力有限，依據 IMF 估計汶萊失業率約 6.9%。而國內大多數勞動力均在公共部門就業，約 56% 的勞動力是由政府僱用。由於依賴公共部門就業和福利待遇，因此普遍缺乏對一般企業就職的興趣。爲了解決國內勞動力短缺問題，汶萊政府制定了相當寬鬆的勞動法，並大量引進外籍勞工，允許從國外招聘技術和非技術勞工，因此高度仰賴外籍勞工投入勞力密集產業，外籍勞工約占民營體系就業人口 65%，包括：營建工程、零售服務等，而藍領勞工多數來自印尼、菲律賓等國家，填補本地民眾不願從事的勞力工作。

汶萊政府的 2035 年願景規劃包括解決勞動力市場短缺問題，2035 年願景規劃是一項戰略行動計畫，旨在使產業多元化，避免過度依賴石油和天然氣產業，促進民營體系的發展，從而增加非石油產業的就業，戰略目標與勞動密切相關，包括改善教育水準，增加勞動

力，提高生活水準與人均所得。

5. 對外貿易及國際收支

　　汶萊對外貿易主要依賴石油、天然氣、機械及運輸設備出口，商品貿易多為順差與經常帳處於盈餘狀態。根據 IMF 統計，近年受到國際油價持續走低影響，汶萊之商品帳出口大幅下降，貿易順差由 2015 年 29.11 億美元大幅跌落至 2016 年 22.05 億美元，經常帳盈餘占 GDP 比率由 2015 年 16.0% 降至 2016 年 9.5%。2017 年由於國際油價仍低，汶萊之商品進出口溫和成長，貿易順差仍降至 16.83 億美元，經常帳盈餘占 GDP 比率續降至 8.3%。2018 年因國際油價回升，因商品進口成長大於出口成長，汶萊之貿易順差降至 8.94 億美元，經常帳順差占 GDP 比率降至 4.3%。2019 年國際油價持續上漲，估計汶萊之貿易順差將升至 19.29 億美元，經常帳順差占 GDP 比率升至 14%。

　　根據汶萊經濟策劃及發展處（JPKE）公布之「汶萊國際商品貿易統計」顯示，汶萊 2017 年總貿易額為 119.66 億汶幣，較 2016 年成長 14.2%；出口額為 77.09 億汶幣，成長 13.5%；進口額為 42.57 億汶幣，成長 15.4%；貿易順差 34.53 億汶幣，成長 11.3%。

6. 匯率

　　汶萊貨幣單位為汶萊幣（Brunei Ringgit）採釘住新加坡貨幣，與新加坡貨幣（Singapore dollar）等值，兩者通用，主因新加坡的經濟管理良好，採用釘住貨幣政策可以避免汶萊在國際油價走升，經常帳盈餘增加，造成匯率波動。目前匯率大約 1.58 汶萊幣兌換 1 美元。

此外，若無釘住貨幣政策，國際油價走低，對汶萊貨幣將帶來貶值壓力，並推升國內消費者物價。預期未來汶萊將持續採釘住新加坡貨幣政策。根據 IMF 統計，2015 及 2016 年底汶萊貨幣兌美元匯率分別為 1.4139 汶幣兌換 1 美元及 1.4463 汶幣兌換 1 美元，呈現逐年貶值趨勢。預期未來隨美元兌新興市場貨幣走升，汶萊貨幣兌美元匯率將會貶值。

7. 外債情況及外匯存底

汶萊政府債務占 GDP 的比率由 2016 年 3.005% 降至 2017 年 2.839%，外匯存底由 2016 年 33.22 億美元升至 2017 年 34.72 億美元，外匯存底支付進口能力由 2016 年 6.9 個月降至 2017 年 6 個月。綜合而言，流動能力尚可。

8. 外商投資經營現況

汶萊經濟發展委員會（Brunei Economic Development Board）為了促進外商到當地投資，強調清真、科技與創意、商業服務、旅遊、下游石油業及天然氣為重要領域。在汶萊，外人直接投資額（FDI）仍以石油與天然氣投資的比例最高，主要投資者為荷蘭石油公司殼牌（Shell）、法國道達爾（Total E&P）石油公司；其他如中資的香港天逸將投資大摩拉島對二甲苯（PX）、苯、化工輕油、煉油等石化工廠；加拿大 Simpor Pharma 公司投資保健食品與製藥廠。而華人在汶萊主要投資還包括建材製造、批發、零售、貿易、餐飲及娛樂產業等。

在東南亞各國中，臺商在汶萊投資額仍偏低，仍有發展空間。根

據經濟部資料，目前臺灣在汶萊約有臺僑 300 多人，大多來自金門，主要從事批發、零售、貿易及建築業。臺商投資家數 34 家，包括有水產養殖、生技製藥、旅宿業、食品經銷、百貨、五金用品、建材、衛浴設備、房地產、汽車零件等。而臺灣的科技創意、生態旅遊、醫療學術等較為突出領域，亦可作為臺汶兩國更進一步的合作方向。

由於汶萊國土狹小，汶萊各種通路的層級都很少，許多零售商本身兼進口商與批發商；各通路商也都是其他通路商的客戶兼供應商，彼此又競爭、又合作，又都是老朋友，關係和諧。

在汶萊投資環境優勢與風險評估方面，汶萊政治穩定、稅務優惠、油氣成本便宜，並參與 TPP/RCEP 等貿易協定等，是汶萊投資環境之優勢。惟汶萊勞動力不足、行政程序繁雜緩慢、資訊不透明、勞工生產力低等潛在風險，投資人在投資前亦先一併考量與評估。

9.5　汶萊不動產市場發展與潛力

因受惠於汶萊國家福利政策以及補貼住宅政策，多數的汶萊人民都享有國民住宅，因此汶萊的房價漲幅較小。在汶萊，2 層樓近 50 坪的國民住宅，每個月只要繳 3,000 多元臺幣，這麼好的福利也讓汶萊號稱沒有流浪漢，幾乎每個人都有房可住。但前兩年情況似乎有了些改變，因為汶萊經濟開始走跌，汶萊政府財政開始走下坡，也可能是人民手頭越來越緊，申請國民住宅的人變多了，但蓋的速度卻根本追不上，從申請到交屋可是條長路，甚至可能長達十幾二十年，相較

於早期的 80 年代，大概 5 至 7 年就可以等到國民住宅。

政府提供的國民住宅，2 層樓共 3 間房，2 廳、3 衛浴，近 50 坪的使用坪數，總價只要 52,000 元汶幣（大約是 124.8 萬元臺幣），而且汶萊政府可以讓民眾 30 年免息分期，換言之，一個月大約只要負擔 3,466 元臺幣，這樣的價格要說是政府送房子給民眾也不為過。故住國民住宅的汶萊民眾，少說就占總人口數的一半，而且國民住宅的所有權可在直系親屬間傳承，政府不會收回。所以每一家的兄弟姊妹，他們都會各自申請國民住宅。

而多數國民住宅的建材都來自汶萊當地第一大的建材工廠，其中有不少原料都是來自臺灣。從建材端來看，其實臺灣的廠商已經在汶萊的市場上默默地發光發熱。然而現在建材商也和建商合作，推出高端商品希望吸引海外投資汶萊房地產。再加上汶萊政局穩定又有免稅優惠加持，吸引了大約 10 萬的外來人口，也創造出租屋市場。

在東南亞地區的房產投資上有一定優勢，以建地 100 坪實際地坪 200 坪，位在汶萊精華地段的獨棟別墅，售價約 55 萬汶幣（約 1,320 萬臺幣），月租金大約是 4,000 到 5,000 汶幣，年投報率大約是 8~10% 左右。而另外還有汶萊住商合一式的住宅，這是一個混合商場，有住宅、有商場，以居住建築引進跨國投資，加上汶萊的水電費比起周邊國家來的低廉，店租也相對便宜，就招商角度來說，有立竿見影的吸引力。

汶萊這個人人有房的不流浪國度，即便財政開始吃緊，平民百姓也還在等著政府大禮，但建商們則是很有危機意識，透過延攬招商吸

引外資眼光，期待汶萊房市闖出更多商機。

9.6 結語：汶萊面對石油用罄後的發展轉型

　　汶萊的經濟高度依賴石油化學業，產值約占全國總體 GDP 三分之二，易受國際原油價格影響經濟表現。2018 年國際油價回溫，加上國內的個人消費也逐漸提高，舒緩了國家過去兩年的經濟低潮。2018 年經濟成長率升溫回正值後，至 2025 年實質 GDP 成長預估維持在 5% 左右。石油裂解加工廠和在內的幾個大型投資建設計畫案將是未來驅動汶萊經濟成長的動力。

　　而汶萊也預見天然資源用罄的危機，石油僅剩下約 20 多年存量，天然氣剩下約 40 多年存量，因此汶萊政府近年積極拓展產業多元，政府白皮書《汶萊 2035》（Vision Brunei 2035）明定促進旅遊業、伊斯蘭金融業及製造業為優先，但該國市場規模小，且近年推行伊斯蘭律法後，更直接影響企業營運時間及假期規定。

　　其實汶萊的政經情勢堪稱東協最穩定之一，治安良好、不罷工、不排華，水電、汽油充沛又低廉，也是外商最愛的免稅天堂。雖然市場小，但八至九成的汶萊人都在公部門或國營事業上班，生活無慮，又樂於消費，99% 食衣住行都仰賴進口，創造了外人賺錢的機會，幾乎各行各業都有商機。

第 **10** 章

印尼
人口紅利與不方便經濟

印度尼西亞共和國
（Republik Indonesia）

- 國花：茉莉花
- 國樹：婆羅洲索馨

體制與領導人	共和制（總統制） 總統：佐科威	**國內生產總值（GDP）**	8,609 億美元（2015） 9,323 億美元（2016） 1.016 兆美元（2017） 1.040 兆美元（2018）
土地面積	191 萬平方公里 （約臺灣的 53.35 倍）	**人均GDP 所得**	3,335 美元（2015） 3,570 美元（2016） 3,847 美元（2017） 4,116 美元（2018）
人口	2.65 億人（2018）	**GDP經濟成長率**	4.9%（2015） 5.0%（2016） 5.1%（2017） 5.2%（2018）
族群	爪哇人（40.6%）、巽他人（15.0%）、馬都拉族（3.3%）、米南佳保人（2.7%）、巴達維人（2.4%）、布吉人（2.4%）、萬丹族（2.0%）、華人（1.2%）	**通貨膨脹率**	6.4%（2015） 3.5%（2016） 3.8%（2017） 3.4%（2018）
首都	雅加達（椰城、花園之都、巴城）	**產業結構**	農業（16.5%） 工業（46.4 %） 服務業（37.1%）
語言	印尼語	**貨幣單位**	印尼盾（IDR, Rp）或稱盧比
宗教	伊斯蘭教遜尼派（87.18%）、基督新教（6.96%）、天主教（2.91%）、印度教（1.69%）、佛教（0.72%）	**匯率（兌換美元與臺幣）**	14,502.55 印尼盾（兌換 1 美元） 470.8 印尼盾（兌換 1 臺幣）

資料來源：維基百科、Exchange-Rates。

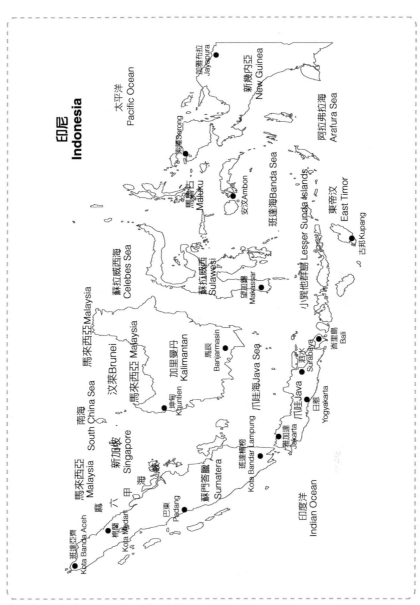

資料來源：臺泰交流協會彭淑菠祕書製作。

10.1 印尼地理與歷史背景

印度尼西亞（Indonesia，以下簡稱印尼）是東南亞地區最大的國家，不論就人口數、土地面積及島嶼數目，即便就亞太地區而言，印尼也是僅次於中國的第二大國。

印尼也是全世界伊斯蘭教人口最多的國家，全國有 86.1% 的人口都是伊斯蘭教徒。中東地區雖然是主要的伊斯蘭教世界，擁有最多的伊斯蘭教國家，可是伊斯蘭教信徒最多的國家，並不是在中東地區，而是在東南亞的印尼。

印尼的人口大約有 2.65 億人，是東南亞地區人口最多的國家，也是全世界人口第四多的國家，僅次於中國、印度及美國。

印尼的領土面積有 1,910,931 平方公里，是全世界領土面積第十六大國；不過印尼卻是全世界擁有島嶼最多的國家，共有 17,504 個島嶼，而被稱爲「千島之國」（應該稱爲「萬島之國」比較適當）。印尼最大的五個島嶼分別是加里曼丹（Kalimantan）、新幾內亞（New Guinea）、蘇門答臘（Sumatera）、蘇拉威西（Sulawesi），以及爪哇（Java）。其中又以爪哇島最具重要性，因爲爪哇島面積約 13.88 萬平方公里，約占全國面積 7.3%，但爪哇人口約有 1.45 億人，占全國 55% 以上，而其經濟產值超過全國的六成以上，是印尼首都雅加達（Jakarta）的所在地。

印尼位處赤道，氣候濕熱。全境擁有 4,500 多座火山，也是世界上現存火山最多的國家。印尼除了有大片稻田平原外，也有森林，更

有終年積雪高大山峰，也有整片的沙漠。

2017~2018 年瑞士世界經濟論壇（WEF）的全球競爭力指數，印尼在 137 個接受分析的國家中排名 36。在過去五年，印尼平均經濟成長率約 5%。印尼全球競爭力的排名由 41 名（2016~2017）提升至 36 名（2017~2018）。印尼投資協調委員會（BKPM）主席 Thomas Lembong 表示，標準普爾（S&P，簡稱標普）將印尼評等調為投資級，促使印尼本身及外商投資速度加快，以掌握印尼總體經濟穩定、通膨獲得適當控制及政治有效管理的機會。國際信評機構 Fitch 將印尼信用評級由 BBB– 提高到 BBB+，而標普（S&P）及穆迪（Moody's）也提升印尼信用評級。三大機構均給予印尼「投資級」評等，代表全球市場對印尼改善投資環境及經濟，投下信任票。此外，蓋洛普民調也把對印尼政府信賴度和信心度升至首位，信賴度達 80%。

目前印尼的民間消費仍然具備成長動力，只要原物料、國際油價和鐵礦砂這三個項目恢復以往的成長力道，加上印尼政府擴大實施基礎建設，印尼經濟絕對是樂觀的。不過印尼政府要避免國際帳務再惡化，否則在美元長線升息的趨勢下，資金流出印尼還是會持續發生，屆時民間投資的熱度會再被削弱，這在亞洲金融風暴時期就曾發生過，印尼政府應該引以為戒。在數位革命時代，同樣重要的是，與商業投資相關的各方參與者仍須注意過去三年印尼達成的經濟進展，並保持關注印尼經濟成長的動能。

10.2 印尼政治體制

　　早期的印尼就如同其眾多的島嶼一樣，擁有許多不同的部落，各自由不同的酋長或家族，及宗教領袖所領導。之後，曾在爪哇島及蘇門答臘島興起幾個王朝，他們之間只有「平行」的關係，沒有「上下」隸屬的關係。在荷蘭人未到印尼之前，這個地區各種大大小小的王國，大概有 300 多個，一直到荷蘭人於 16 世紀末到爪哇島之後，印尼這個地區的政治發展才開始有所轉變。

　　歐洲人最早來到現在印尼地區的是葡萄牙人，他們早在 16 世紀初期，就來到這個地區，但是葡萄牙人只有占領及統治今天的東帝汶島（East Timor），而且一直持續到 1975 年。除此之外，葡萄牙人在印尼的其他地區，都沒有正式長期的統治。

　　繼葡萄牙人之後，荷蘭人也來到印尼地區，從 1602 年開始，當時荷蘭建立「東印度公司」（Dutch East India Company, VOC），負責管理東南亞地區的事務。荷蘭政府又於 1682 年正式接管東印度公司。從此，荷蘭政府開始殖民統治印尼，長達 340 多年之久。也因荷蘭人開始殖民統治印尼之後，今天的印尼地區才逐漸由一個各自為政的眾多王國部落，轉變成為一個具有中央政府體制的當代國家發展模式。

　　二次大戰結束前，蘇卡諾（Sukarno, 1901~1970）領導印尼的民族主義運動，並創立「印尼國民黨」（Partai National Indonesia），於 1945 年 8 月 17 日宣布印尼的獨立，蘇卡諾就成為印尼的國父。

　　蘇卡諾在 1945 年 8 月 17 日建國所發布的獨立宣言，公布印

尼建國的五大原則：1. 信仰上帝（Believe in God）；2. 人道主義
（Humanism）；3. 民族主義（Nationalism）；4. 民主（Democracy）；
5. 社會公正（Social Justice）。這五大原則就是有名的「班查西拉」
（Pancasila），這就是印尼建國的意識型態，一直到如今，「班查西拉」
建國五原則都是印尼學生「公民教育」課程的重要基礎，無疑地也成
爲「印尼共識」的政治基礎。

　　蘇卡諾在 1950 年代實施短暫的民主，後來在 1959 年 8 月開始實
施威權的「指導式民主」（guided democracy）；又自 1960 年起，開
始左傾，並與毛澤東的共產中國建立密切的關係。蘇卡諾扶持的「印
尼共產黨」因而迅速發展勢力，並在印尼各地擴充基層組織，形成一
股龐大的政治力量。

　　1965 年初，蘇卡諾的健康發生變化，印尼共產黨發動政變，暗
殺七位陸軍將領，以爲如此就可獲得掌權；沒想到當時駐紮在雅加達
郊區的蘇哈托將軍（Suharto），立即率部隊進入雅加達，迅速逮捕印
尼共產黨的領導人，結束這場差點讓印尼成爲共產國家的政變。

　　從此，蘇哈托將軍開始掌權，印尼開始快速發展，蘇哈托在當
時也被稱爲是印尼的「發展之父」。但是蘇哈托的軍事威權統治，亦
造成他及家族、親信的腐敗，這是他長期統治最大的汙點與弊端。在
蘇哈托長期的威權統治下，累積了相當多的民怨，在這些眾多紛爭及
不安事件之下，又受到 1997 年東南亞金融危機的重創下，蘇哈托在
1998 年 5 月 20 日被迫辭去總統職位，結束其 32 年威權統治的蘇哈
托「商業王朝」。

　　蘇哈托下臺以後，印尼的政治經歷一段不穩定的時期，歷經瓦希德、梅嘉娃蒂、尤多約諾等領導，到 2014 年 7 月，印尼舉行總統大選，由有「印尼歐巴馬」之稱的雅加達省長佐科威（Joko Widodo），當選印尼第七任總統。目前印尼的政治發展已較穩定，其政治運作也相當受到國際的肯定，大都對印尼的民主化相當推崇，甚至勝過東南亞鄰近的其他國家。

　　基本上，印尼國家體制爲共和國、總統制，最高行政領袖爲總統，從 2004 年開始，總統選舉改爲人民直接選舉，每五年總統改選一次，可以連選連任一次，不同於以往總統是由人民協商代表大會（MPR）選出，類似以前臺灣的國民大會間接選舉出總統與副總統。

　　尤其是，印尼首都雅加達原省長鐘萬學（阿學 Ahok）在 2018 年 4 月 19 日在選舉中落敗，無緣連任。在 5 月 9 日，因在任期間「褻瀆」《古蘭經》，鐘萬學被判刑兩年，並立即執行。這位印尼華裔市長的選舉和官司，被認爲是觀察穆斯林人口最多國家政治與社會發展趨勢的一個重要風向球，而施政滿意度超過七成的鐘萬學，卻連連遇挫的結局，讓國際社會對印尼宗教包容度和政治宗教化的擔憂持續加大，甚至提高印尼華人對印尼排華的憂慮。

　　鐘萬學案是印尼改革派與保守利益集團之間的鬥爭。佐科威和鐘萬學都不屬於印尼政治寡頭集團，兩人均是從基層一步步往上走的政治人物。相反地，普拉博沃等人屬於寡頭集團，並推出自己屬意的候選人，其更善於利用種族和宗教議題牽制改革派。雅加達省長選舉只是兩股力量相互鬥爭的一個節點。攻擊鐘萬學最積極的激進團體

「捍衛伊斯蘭陣線」，也不否認其與普拉博沃、阿尼斯和蘇哈托家族的關係。但是鍾萬學的「褻瀆」案不是單純的宗教或法律案件，更多是反佐科威陣營集結激進伊斯蘭勢力，以積極打擊鍾萬學，試圖影響2019年的總統大選。

10.3 印尼社會文化

印尼是全世界最大的伊斯蘭教國家，因此伊斯蘭教文化就成為印尼最顯著的社會人文背景，因為印尼全國有將近九成的人口，都是信仰伊斯蘭教。伊斯蘭教徒跟華人及基督教徒的飲食及生活習慣有相當大的差異，這造成華人在印尼社會隔離的其中一個重要原因，再加上其他的政治因素及經濟因素的差距，在過去印尼華人與印尼社會就存在著相當大的矛盾及情結，所以便一直存在「排華」的政治陰影與疑慮。

一般說來，印尼人愛吃、重享樂的消費比重較高，主要是源自於方便、互動、愛面子的消費心理。近年印尼中產階級興起與生活變革，方便是所有影響消費最關鍵的要素。因應新型態的生活環境與工作時數，以及對現代商品需求增大，已經成為消費者的基本需求。

從 2010~2014 年，印尼便利商店消費額便成長了 150%，而量販店與大型超市僅成長約 31% 及 37%。即使便利商店的單價較其他兩通路高，選擇也較少，但是消費者很重視「便利」性，由此可以看出印尼在便利商店業的發展潛力。為因應印尼消費市場與偏好的改變，現代便利商店也開始提供更多元的產品與服務，如炸雞、甜甜圈與免

費 wifi 等，以提高消費者的接受度。而且越來越多的便利商店也將營業時間逐漸延長到 24 小時，以迎合年輕消費者喜歡在夜間購物習慣，以及一次購足所需物品的消費傾向。

此外，印尼人天性喜愛社交，通常在消費時不會放過與店員、導購、客服人員諮詢及互動的機會，對於事情也總會打破沙鍋問到底，把產品的資訊調查清楚，期待可以取得一些優惠或贈品，完成完美的購物經驗。而且印尼人因為重視家庭和社會關係，常會跟親朋好友分享生活經驗，直接間接也會影響其購物消費選擇。

就印尼家戶各類支出比重結構來看，排名第一的是「食物及非酒精飲料類」，占總支出的33%，且高於居次的「住宿」（18%）和「交通」（10%）的總和。印尼人對於飲食支出很重視，特別是中產階級以上的民眾，每年平均花在飲食支出更接近 2,000 美元，所有飲食支出相加的話，將近占總支出的一半，享樂人生的文化可見一斑。

在印尼伊斯蘭宗教信仰下，其實也有信奉印度教或基督教的少數民族。例如在峇里島（Bali）的人大都是信仰印度教（Hinduism），他們的先祖大都是早期從爪哇地區遷移到峇里島，然後在當地落地生根，而形成今天特殊的印度教文化。在宗教上的建築，有佛教的婆羅浮屠（Borobudur）和印度教的普蘭巴納（Prambanan）最為聞名，也是聯合國教科文組織（UNESCO）所列的世界文化遺產。

蘇門答臘北部地區的大部分巴達人（Batak）是基督徒，並非伊斯蘭教徒，當地到處可見基督教堂，非常具有蘇門答臘的特色。印尼其他地區也有幾個少數民族，都是以基督教為主要的信仰，例

如在摩鹿加群島的安汶人（Ambonese），在北蘇拉威西的美那都人（Manado）及明那哈塞人（Minahasan），在南蘇拉威西的拉拉加人（Toraja），在加里曼丹的達雅人（Dayak），在西帝汶島的西帝汶人（West Timorese），以及東帝汶島的東帝汶人（East Timorese）。而很多印尼華人信奉基督教的比例也不低。

由於印尼人民生活在一個土壤富饒、氣候適宜的廣大土地，又有注重靈性修養的宗教信仰，因此印尼人個性相當隨和，不大與人競爭，樂天知命。在傳統的農業社會，這種天性及人文背景，相當受人喜愛，因為印尼人不大與人爭吵，大都希望藉由協商及合作，來解決紛爭及問題。可是，最近二十多年來的經濟發展，印尼就必須融入具有競爭性的資本主義經濟發展，這就相當具有挑戰性。過去的印尼不需要辛苦工作，就可以溫飽及生存，可是現在卻要努力工作，才能獲得生活所需的薪資。這是印尼人文背景的最大變遷與衝擊，也是最大的挑戰。

再者，在印尼庶民飲食裡，也具有多元文化的特徵，融合著伊斯蘭文化、荷蘭文化和印尼當地文化。米飯為主食，搭配蔬菜與肉等小菜，香料、椰漿、魚肉、雞肉等為常見的食材。

另外，在建築上，印尼許多建築是不建邊牆的，有利於通風與散熱，用於遮陽和擋雨的屋頂，所使用的材料也很多元。通常在農村地區會使用木板片、棕櫚或泥製瓦片，而在城市地區則採用紅瓦片。

10.4 印尼經濟發展

印尼是東南亞最大的國家，在過去印尼發展的過程中，受惠的主要是既得利益者（例如政府高官及商業人士），因為他們掌握了資訊及利益的分配。讓貧富懸殊的問題，跟著浮現。而這問題，成為當今印尼最嚴重的社會問題之一，甚至影響到整個社會的和諧，更是印尼政治領袖必須嚴肅面對的重大議題。

經濟合作暨發展組織（OECD）就曾在 2009 年公布的「全球化與新興經濟體」報告中，將印尼涵蓋為世界上表現最好的大型發展中經濟體之一。趨勢作家大前研一（Kenichi Ohmae）所提的「維他命十國」（VITAMIN）中，印尼也是其中之一。印尼也是 G20 集團國之一，足以看出印尼在世界經濟上不可忽視的地位。

印尼經濟的最大優勢，莫過於豐富的天然資源蘊藏量。根據石油大企業英國石油公司（BP）的調查，印尼的天然氣產量約為國內消費量的五倍。而印尼煤炭產量的規模，也約為國內消費量的兩倍。天然氣可以繼續開採的年數尚有 41 年。由此可知，資源開發是印尼長期經濟發展的支柱，但卻也蒙上天然資源遞減的威脅。

其次，印尼另一個優勢是，印尼的勞動工作年齡人口（15~64 歲）相較之下，仍持續增加中。同時，根據聯合國的資料估計，印尼工作年齡人口的占總人口比率也會持續上升到 2025 年。當工作年齡人口增加，且占總人口比率也同步上升時，便可以期待藉由工作人口增加及儲蓄率提升帶來經濟成長的新契機。

因為人口紅利，支撐經濟持續成長的中產階級人口也正日漸增

長。在中產階級比率的增加，自然會擴大對汽車等耐久消費財的需求，而這也可說是印尼的一大魅力。在中產階級中，又以中低所得階層者，成為帶動消費的主要角色。印尼憑藉著無可比擬的龐大人口數，2013 年的汽車銷售量便超過 120 萬臺，其銷售成果已然超越泰國成為東協之首。今後隨著汽車普及化浪潮的日益顯著，令人期待的是人均汽車持有數將會增加，市場也會加速擴大。如果維持中長期的高度經濟成長，因此中高所得階層勢必會逐漸擴大。如此一來，主要消費趨勢會移往高功能的白色家電，同時高端耐久消費財市場的擴大也指日可待。

　　若以零售業型態為切入點觀察消費市場，現代通路（modern trade）正在持續成長，現代通路的營業額預估到 2018 年大幅上升到 20%。現代通路中，便利超商在塞車情況嚴重的都心地區成長的幅度最大。一直以來，印尼市場主要都是以 Alpha-market 跟 Indo-market 等當地超商為主流。而作為新型態零售業的電子商務市場規模，也正急速成長。電子商務急速成長的背景是，雅加達首都圈等地區對高功能或時尚商品的需求日漸提升，然而消費者欲前往購物中心時，卻常因塞車而浪費時間，促使消費者改採網路購物，以貨到付款機車宅配的服務系統。此外，也提供以保冷劑或保冷包裝的低溫宅配服務，力求與其他公司的區別，十分受到歡迎。

　　印尼於 2014 年立法建立了官方清真食品（Halal Food）認證機制，預計於 2019 年開始生效。所謂「清真」（Halal）係指對於穆斯林食用食品，或是有碰觸到身體的產品，都必須追溯源頭，從原物料

開始到產品處理，包括工廠設施、製造機械、包裝、保管儲存、物流、甚至最終端零售賣場，都必須符合伊斯蘭教義。2017 年 10 月印尼宗教部正式成立認證官方機構：清真認證總局（Halal Certification Agency, BPJPH），負責認證之最終核發，而原印尼伊斯蘭宗教理事會（MUI）仍負責辦理認證各項業務執行。

印尼伊斯蘭宗教理事會（MUI）目前已經在上海和首爾設立分支機構，協助中國大陸與南韓業者取得清真認證標章。面對此，臺灣政府應該大力爭取 MUI 在臺灣設立分支機構，以利臺灣產品通過清真認證，提高臺灣食品相關企業的國際競爭力。

最後，在印尼將近擁有 2.65 億人口中，只有 1.7% 的人擁有保險保單，這個投保的比例相當低，主要是缺乏對保險給付利益的了解，以及人民對保險風險概念的缺乏。無疑地，印尼保險事業是一個很大的投資商機，尤其是當印尼經濟崛起之際，對於各種保險的需求勢必增加。

基本上，印尼勞工相對比較單純，配合度也比較高。但規定工廠只要有五個人，就可以組織工會，而工會不滿，隨時都可以罷工，同時工會上頭還有總會的指揮，動輒可以指揮整個區域的罷工。因此，雇主為顧慮生產線的順暢，最好與工會保持良好關係。此外，投資產業的風險與機會總是並存，臺商赴海外發展若能找到利基，即使有些在臺灣被稱為「夕陽產業」，仍有機會在東協找到發展的第二春。

就經濟面來看，自印尼總統佐科威於 2014 年 7 月上臺後，致力於經濟改革，主要透過資金重新配置、減少外人投資限制、提高政府

辦事效率、著重工業和旅遊業發展、完善基礎建設等措施，加上迄今已提出 15 次的經濟振興方案，期望能吸引外資、創造更多的工作機會，讓印尼經濟能夠平衡發展，縮小貧富差距。

自 2015 年起，印尼經濟成長率皆保持在 5% 以上，並已邁入消費市場快速成長的階段，中產階級興起，成為東協市場的成長引擎之一。IMF 預估未來五年，印尼經濟成長率也可達 5% 以上，人均 GDP 已於 2018 年突破 4,000 美元。印尼內需消費市場潛力相當大。

近年來，印尼商工總會投入 IT 產業的投資金額將達 10 億美元，印尼政府近期發表「電子商務路徑圖」，以協助發展電商快速成長的產業，特別去資助新創事業、物流、通訊基礎建設等重要議題。印尼政府也積極的投入基礎建設發展計畫，包括規劃中的 3,258 公里的鐵路及 2019 年前將完成的 1,000 公里新建的收費道路，印尼在海陸空的交通建設亟需私部門和外來的投資。印尼投資協調委員會大力吸引外資，特別是在油氣業、汽車、製造業、藥品及娛樂業上的投資機會，以及重視印尼的數位及製藥產業的發展。

印尼政府也努力開發工業區及發展製造業，為外來投資者建立了良好的投資平臺，如爪哇近期由佐科威總統主持開幕的 Kendal 工業區，該工業區有 2,700 公頃的土地可供製造業進駐，區內的企業可在三小時內取得各種執照。

在印尼產業當中，造船業將凸顯其重要性。主要是因為印尼是一個島國，也因為印尼總統佐科威上臺後就提出優先發展以「海洋軸心」（Maritime Fulcrum）為主的海洋經濟目標，現正努力要成為「海

上強國」，積極參與國際海洋貿易，並增進印尼的聯結性及在物流上的競爭力。基於此，印尼對船隻的需求大，透過給予外資免稅優惠，鼓勵外資前往投資。而臺灣在造船及貨櫃、貨輪路線經營管理等方面經驗豐富，都具有相對優勢，造船業值得臺商前往布局。

此外值得注意的是，在印尼因為基礎建設不佳加上廣大的人口，因此在印尼會出現一種獨特的經濟型態，稱為「不方便經濟」。簡單來說，就是因為生活的不便，迫使很多年輕人運用新的科技解決問題，進而帶來新的商機。這跟上面提到印尼人在消費習性上偏好「方便」的特性，也有很大的關聯，在生活消費追求「方便」，但是在基礎建設不足下又可能產生「不方便」的市場行銷，兩者結合自然產生更大的創業商機。

如所皆知的印尼獨角獸（Unicorn）之一 GoJek 在當初之所以成立，主因有幾個重要思考：一是印尼交通建設不發達，加上容易塞車，需仰賴公共運輸以外的交通工具，「摩托計程車」（Ojek）的市場就此出現。二是印尼無業人口多，許多找不到工作的人可以選擇 Ojek 維生。三是因為一般機車載客的計價缺乏公開機制，常會出現爭議。四是可能會出現司機等不到客戶，而客戶找不到司機，消耗太多等待時間。五是乘客通常會擔心安全的問題。

印尼因為智慧型手機開始普遍，透過手機應用軟體的平臺配對，司機與乘客可以很快找到彼此的位置，應用程式可以確保公平計價與彼此安全。這樣的創新模式馬上受到包括雅加達以外的印尼民眾歡迎。因為這樣的產業不僅解決「失業」、「交通」、「效率」、「安

全」等問題，近期也提供更多元的服務，模式更複製到其他的東南亞國家，如越南。

另外，一個受到矚目的獨角獸是 Tokopeida，這是印尼最大的線上購物網站，也名列印尼新創之首，印尼最大的電商。這個網站的出現，是因為可以滿足印尼消費者的購物習慣，卻又可以避免出門的塞車之苦，或是偏遠地區沒有購物商場的窘境。電子商務購物平臺的出現，讓很多印尼傳統的老商場也越來越不容易經營。許多大學生進駐像是 Tokopedia 一樣的電子商務商城拿訂單，收到訂單馬上在商場找貨，配合國際物流，一條龍經營，半天就可以完成一次的國際貿易，就如同是蹲在地上般的國際貿易一樣。這樣大學生在電子商場開始做生意就是賺差價，幾乎沒有成本問題，廠商也可藉由大學生的訂單輕鬆行銷。這樣的模式特別適用在印尼穆斯林服飾比較封閉的市場，尤其是女性，成為印尼新的購物模式，也促成印尼電子商務平臺的繁榮。

再者，另外一個受到印尼政府表彰的是 Ruangguru，這是一個針對印尼義務教育的線上學習平臺，短短的在四年間累積約 1,200 萬個會員。透過線上學習，解決印尼偏遠地區教育資源不足的問題。透過線上系統的群組討論，偏鄉的小孩有疑惑之處，便可以立即獲得解答。因為印尼地域廣大，交通又不方便，Ruangguru 公司則是透過線上教育系統的開發，提供印尼大企業的教育訓練課程，以平衡幾乎免費給孩童教育的收益。這也是一種解決社會經濟在「不方便」的商業模式。

在印尼，年輕人使用科技解決生活問題，這就是東南亞產業的新面貌。新一代的東南亞菁英有很多都受過良好的西方教育，對於科技技術與資訊的掌握也相對有優勢。簡單來說，運用科技解決印尼社會的問題，這樣的創意與創業，在印尼或是東南亞其他地區會越來越多，也越來越受到重視。

10.5 印尼不動產市場發展與潛力

印尼是東南亞最大的國家，擁有 2.65 億人口和龐大的經濟消費市場，在年輕型態的人口結構裡，意味著每年首次購買房地產的人口數量是相當可觀的，使得印尼房地產及不動產在未來十年仍然有廣闊的增長空間。

自 2015 年起，印尼經濟成長率皆維持在 5% 以上，目前正邁入消費市場快速成長的階段，加上中產階級興起，成為印尼消費市場的成長引擎之一。根據 IMF 預估未來五年的發展，印尼經濟成長率也都可以保持在 5% 以上的發展，加上人均 GDP 已於 2018 年突破 4,000 美元。印尼內需消費市場潛力相當大，特別是對於房地產的需求增加更是明顯。

此外，在土地取得方面，由於印尼土地遼闊，土地取得並不困難。基本上投資設廠之地區主要集中在爪哇島，尤其是雅加達都會區。目前印尼的房地產企業共有 1,358 家，其中有 706 家位於爪哇島，而位於雅加達約有 320 家之多。但是這些房地產的企業規模大小不一，規模大的有上億美元的資產，而小的則僅有幾百萬美元的資金。例如，

Duta Pentiwi、Sioanmas Group、Sunten Aqung、Ponomorg Antha、Graha Urutra 等十家最大的企業控制了目前可用建築土地的 80%。據報導目前已經有中國大陸的民營企業，已經直接進入到印尼房地產的市場。

關於印尼的土地制度，印尼實行土地私有制，但外國人或外國公司在印尼都不能擁有土地，但外商直接投資企業可以擁有以下三種受限制的權利：建築權，允許在土地上建築並擁有該建築物 30 年，並可再延期 20 年；使用權，允許為特定目的使用土地 25 年，可以再延期 20 年；開發權，允許為多種目的開發土地，如農業、漁業和畜牧業等，使用期 35 年，可再延長 25 年。

至於外國人在印尼買土地，可以獲得永久產權的方式有二：一是與印尼公民結婚的外國人。二是成立合資公司，本國人持有 51% 或以上股份，外國人持有 49% 股份。可以看出，跟其他東南亞國家的土地產權的規定基本上是差不多。

在房地產相關的稅法上，買家買房者僅需繳納 5% 的持有稅，賣家需支付交易稅 2%，房屋出租稅約 10%，當買家登記所有權並取得相關權狀時，須繳納相關登記費，其計算方式為「當地人民委員會公告的單價 × 面積 × 0.5%」，但是每年不需繳交房屋稅。此外，印尼對房地產企業徵收的稅收，主要有企業所得稅 10% 和房產稅 0.5%。其中印尼房產稅的稅基是土地和建築物的資本市場價值，主要稅種可分為不動產稅、印花稅和價值附加稅。

根據印尼 1967 年外資法修正案的規定，作為外商直接投資企業

還享有其他稅收優惠，包括有免除發行投資的印花稅，進口所需機器設備等固定資產時免徵銷售稅，減免關稅，以及有條件地減免企業所得稅。

雅加達首都圈不但人口集中，人均所得也高，可說是扮演帶動印尼市場高端消費的牽引角色。根據聯合國的資料，雅加達首都圈的人口有 2,700 萬人，僅次於東京首都圈的 3,700 萬人，是世界第二大的巨型都市。

因外資進駐，首都雅加達的商業活動增長迅速，及物價上漲帶動的房地產價格上漲，印尼房價在東協國家中價格算是相對較高的。2017 年的市場則更加火熱，熱錢不斷湧入。全國各地住宅漲幅平均超過 26% 以上，店面及辦公室漲幅超過 29%，土地價格則有倍數成長。

在雅加達多數的中產階級會選擇住在「集合式住宅」（如高樓層大樓或是別墅），各財團會選擇聯手「開發新市鎮」的方式，進行房地產開發。這樣的新市鎮不只有商務區、住宅區、購物中心、高爾夫球場、網球場、海洋樂園、醫院、公園，還將規劃高等教育園區等綠能環保設施。所以投資客多半會選擇土地基期仍低，布局時機點佳的新市鎮建案。

以著名的 Kota Jababeka 為例，包括自有二座的供水廠（給住在這裡的一百多萬民眾）、發電廠、四小時保安系統、消防隊、高爾夫球場，甚至包括大學的規劃。在三層樓獨棟別墅，有三房二廳二衛，還附有車庫，面積有 294 平方公尺（約 89 坪），售價約達 30 萬美金。

而挑高設計的集合式住宅 22 坪，售價約臺幣 300 萬。這樣的價格與生活機能，也吸引不少人買房投資，或是當起包租公包租婆，出租給派駐在這裡的國際企業主管。

於雅加達西南部的獨立衛星城市，如 Bumi Serpong Damai（簡稱 BSD City）、雅加達南方 MNC Group 旗下 MNC Land，目前正進行一項「智慧城市」造鎮計畫，名為 Lido City，一樣也是受到矚目的投資標的。這類的發展建案，會越來越多，以及越來越科技和現代設計，這是一種房地產發展的新趨勢。

不過因為印尼住宅需求的多樣化，不同的房地產企業也會專注於不同的市場需求，如有的企業專門開發高檔公寓，有的開發高檔別墅，有的開發中低檔住宅等，加之印尼市場需求很大，現在印尼房地產企業競爭並不十分激烈，相反地還有一種相互協作的關係，不同的房地產公司可以進行區域的綜合開發，可見房地產建商之間的合作機空間很大。

總之，近幾年印尼房地產的價格還在不斷上升，對於房產事業較為樂觀。對於人口 2.65 億，為世界上人口第四高的國家，僅次於中國、印度、美國，消費人口多，而且人口組成年輕，平均年齡約 27 歲左右，消費力強。印尼房地產在 2016 年的漲幅明顯，在 2017 年的市場更加火熱，熱錢不斷湧入。全國各地住宅漲幅平均超過 26% 以上，店面及辦公室漲幅也超過 29%，土地價格則有倍數成長的趨勢。擁有龐大的人口紅利，加上中產階級快速興起，目前也是東協第一大經濟體，隨著高經濟成長，印尼人對於居房的需求大幅提升，印

尼房市後市看俏。

10.6 結語：印尼電子商務產業的興起

對於印尼來說，2018 年是一個災難頻傳的一年，包括龍目地震、蘇拉威西地震、蘇拉威西與蘇門答臘遊輪翻覆、獅航墜海、巽他海峽海嘯等，都造成印尼無辜傷亡。儘管如此，面對印尼的未來經濟與社會發展的潛力，仍舊被看好和樂觀面對。

印尼由於基礎建設不足，企業活動環境不佳，都非短期內能解決的問題。印尼最近苦於生產力不足的問題，因而限制了經濟成長的幅度。為了滿足旺盛的內需需求，只好擴大進口，使得經常收支赤字跟著增加。連帶地，印尼盾也因而面臨貶值壓力，政府只好被迫升息，以減緩景氣下滑的趨勢。

基本上，臺商在印尼的布局主要還是利用印尼豐富的天然資源，如石油、農林漁牧業，以及 2.6 億人口優勢和消費市場，打造養殖漁業、養雞業、家具製造，以及紡織、電機類事業等，其成長都很快速。唯獨科技產業在印尼比較吃虧，因為在地科技的人才短缺，發展上較為困難。不過隨著高等教育對科技人才培訓的重視，已經開始填補人才不足的發展問題。

若就印尼市場商機而言，從其產業結構與發展政策、投資優惠政策和外商投資產業，可以看出塑化、運輸設備、紡織、鋼鐵、機械、食品加工、基礎建設、資通訊、物流及銀行業等產業，是目前印尼政

府相當重視，並列為優先發展的領域。若進一步將臺商布局能量及優勢納入考量，同時配合印尼當地發展需求與趨勢，塑化、鋼鐵、造船、智慧型手機、基礎建設（尤以物聯網、綠能為主）、汽機車售後服務、金融保險業及冷鏈物流等領域，是未來臺商可擴大布局的投資商機產業。

外資 30 年來在印尼的投資不少，也賺了不少錢，但對民間產生的效益卻很低，現在印尼政府的措施想留住半成品製造業，試圖創造當地更多機會，尤其是在爪哇島之外的其他地區投資，去印尼生產機械或汽車零組件，營業稅會相對較低，這是臺商可以注意的產業投資。

至於印尼短期的風險，令人擔心的主要仍是印尼盾貶值的問題。政府憂心印尼盾貶值，因此公告國內都必須以印尼盾作為交易貨幣。不過，要是強化這樣的交易限制，很可能會增加企業的負擔，商業環境也只會持續惡化。另一方面，要是印尼盾繼續貶值的話，對於進口必要零組件或原材料維生的進口商來說，採購成本也將增加，而成為利潤惡化的主因。因此，當印尼進口量增加，以及進口成本提高，甚至出口競爭力下滑，也將減緩印尼貿易順差，對印尼經濟成長也會造成一些衝擊。

第 **11** 章

寮國
中南半島上的蓄電池

寮人民民主共和國（Lao People's Democratic Republic, LAO PDR）

· 國花：雞蛋花
· 國鳥：大朱鷺

體制與領導人	體制：社會主義共和國 國家主席：本揚·沃拉吉兼 寮國人民革命黨總書記 總理：通倫·西蘇里	**國內生產總值（GDP）**	144 億美元（2015） 158 億美元（2016） 168 億美元（2017） 187 億美元（2018）
土地面積	23.68 萬平方公里 （約臺灣的 6.58 倍）	**人均GDP 所得**	2,160 美元（2015） 2,339 美元（2016） 2,457 美元（2017） 2,756 美元（2018）
人口	680 萬人（2018）	**GDP 經濟成長率**	7.27%（2015） 7.02%（2016） 6.89%（2017） 6.50%（2018）
族群	高山的寮松族（10%）、丘陵的寮聽族（22%）、平地的寮龍族（65%），另有華人約 15~20 萬、越南人約 10~15 萬	**通貨膨脹率**	2.35%（2015） 3.02%（2016） 1.85%（2017） 2.25%（2018）
首都	永珍（舊稱「萬象」，意指「有城牆的城」）	**產業結構**	農業（21.3%） 工業（32.5%） 服務業（39.4%）
語言	寮語為官方語言	**貨幣單位**	基普（Kip）
宗教	小乘佛教（90%）、基督教（2%）、其他（含無神論者）（4%）	**匯率（兌換美元與臺幣）**	8,167.8 基普（兌換 1 美元） 252.7 基普（兌換 1 臺幣）

資料來源：作者彙整。

資料來源：臺泰交流協會彭淑菱祕書製作。

11.1 寮國地理與歷史背景

寮國又稱為「老撾」，東鄰越南，西接壤泰國和緬甸，南則有柬埔寨，北方與中國的雲南省毗鄰，形成一個標準的內陸國，也是「山岳之國」。完全沒有自己的海岸線，形同被深鎖於中南半島（又稱為印支半島）。這樣的地理位置讓寮國的國家發展命運註定深受地緣條件的影響及其限制。

在自然條件方面，寮國因為緯度關係，氣候屬於熱帶及亞熱帶的季風型氣候，年均溫在攝氏 27 度上下，5 月到 11 月為該國的雨季。跨國流域的湄公河之中段，幾乎貫穿全境南北，是寮國農業灌溉的主要水資源，也是水力發電的依據。農作相關產業的肥沃區耕地大部分集中在南部，占全國面積約 8%，而寮國的稻米生產，每年高達 5 萬公噸。相對於山地、丘陵約占全國面積的 70% 以上。

近幾年來，寮國官方積極推動水力發電，希望將湄公河的水力資源轉換為電力供應給鄰國（特別是泰國與越南），因此「東南亞蓄電池」的類似稱號漸漸變成當代寮國發展的一項特徵，只是能否持續成功，還需要時間來進行評估與觀察。

特別是 2018 年 7 月 22 日 位於阿速坡省（Attapeu）薩南夏縣（Sanamxay）的水壩（Xepian-Xe Nam Noy 發電廠）崩裂事件，導致 50 億立方公尺的大水傾瀉，比 200 萬個奧運比賽泳池的總水量還多。造成 30 人死亡、數百人失蹤、6,600 人無家可歸，寮國和國際社會都開始對水力發電的相關政策，不再那麼樂觀期待。讓許多環保與人權團體開始對寮國境內高達數十件的水壩工程，展開監督與風險評估。

　　寮國國土面積不小，有 23.68 萬平方公里，約臺灣的 6.58 倍。整個國家疆域主要是沿著湄公河由北向南流的擴展，因為湄公河豐沛的水資源，年降水量約 2,200~3,500 毫米，加上高低落差大的山岳，讓寮國擁有水力發電優勢。寮族使用語言是寮語，寮語又可以跟泰語相通，很是方便，泰、寮兩國在社會文化、宗教、經濟上的密切關係，自無庸贅言。

　　寮國的歷史大約可以追溯到 13 世紀初，古寮人在湄公河中游一帶開始建立起社群雛形，但當時係是臣屬於較強大的鄰國——吳哥王國和暹羅王國。到了西元 1353 年前後，寮人 Chao Fa Ngum 在吳哥王國的軍事協助下建立了自己的國家，也就是一般文獻所稱的「萬象王國」（Lan Xang Hom Khao）。

　　萬象王國到了 14 世紀末，已成為當時中南半島最強盛的國家。但 15 世紀中葉以後，受到內政不穩的影響，加上皇室本身也相互爭權，削弱了原本的國力，導致 17 世紀末葉面臨分裂，北部的琅勃拉邦（Luang Prabang）淪為緬甸屬地，中部的永珍（古泰文 Wieng Chan）則歸屬安南（現在的越南），南部的占巴塞（Champassak）則淪為暹羅（現在的泰國）附庸。

　　根據史書記載，這三個地區到了西元 1873 年完全被暹羅王國的軍事力量所征服。到了 19 世紀，歐洲強權法國占領了越南，並逼迫暹羅王國讓法國於琅勃拉邦（Luang Prabang）設立領事館，法國的勢力漸漸開始進入中南半島，之後更進一步於 1893~1907 年間與暹邏王國簽訂多項條約，將其統治下的寮人地區變成自己的殖民勢力範

圍，並於現在的永珍（Vientiane）成立殖民政府。由於法國正式接收這塊領土之前有三個上述提及的寮人地區，因而法國在行政管理上稱「寮」爲 Laos。

從上述的簡史回顧可知，「寮」這塊土地曾被幾個不同區域勢力統治過，所以許多人對這個「國家」主體，沒有什麼特別的印象。相反地，認爲「寮」和越南、泰國、法國等倒是有不少的相似處。又因爲寮國境內多爲高低起伏之丘陵與山地，是一個交通運輸較爲不便的內陸國，素有「中南半島屋脊」之稱，而川壙高原（鎮寧高原）也被號稱爲「寮國屋脊」，以致於「寮」成爲地理上相當封閉的區域。因此，不僅自身特色不明顯外，連經濟條件、人口總數、市場規模、以及綜合國力等項目，在東協（ASEAN）成員中也都是敬陪末座。

1949 年寮國脫離法國獨立，成爲王國。之後王國政府遭受到共產主義的對抗，繼而發生內戰，國家呈現四分五裂的情況，以及發生嚴重的內戰。一直到 1975 年，寮國人民革命黨（Lao People's Revolutionary Party）擔任執政黨，採行「人民民主共和制」。

人民革命黨每五年舉辦一次黨大會，選出總書記、政治局委員等領導人，以及決定政策發展方針，體制類似中國與越南。第十屆黨大會已於 2016 年 1 月召開，選出本揚・沃拉吉（Bounnhang Vorachit）爲新任總書記與國家主席。

1975 年越戰結束後，美國勢力暫時退出中南半島，寮國的政治局勢也出現一些變化。一直欠缺自主獨立性的寮國，在這個時期由代表共產勢力的人民革命黨建立了一個社會主義的新政權，並與當時的

越南十分友好。但值得注意的是，鄰近的泰國雖不是社會主義國家，但基於歷史、宗教與地理因素，對寮國的影響力並不亞於越南。

此外，北方的中國雖然是最接近的共產陣營鄰居，但在影響力上當時還不如越南與泰國來得直接，甚至可能也弱於蘇聯。或許正因為如此，中寮關係在過去很長一段時間始終很平穩，沒有太大變化，而中國也成為寮國用以平衡越南和泰國勢力的「可靠」合作夥伴。然而，當中國推動一帶一路倡議之際，寮國成為中國前進大湄公河次區域（GMS）、印支半島，甚至東南亞市場最重要的跳板，中國需要寮國，寮國也需要中國，讓寮國發展政策試圖從一個「陸鎖國」，要轉型成為「陸聯國」的目標，讓寮國成為印支半島的核心地帶。

11.2 寮國政治體制

現行寮國的政治體制，係屬於社會主義的非民主共和國，寮國人民革命黨是全國唯一的合法政黨。根據在 1991 年 8 月 14 日通過的《憲法》，最高人民議會（Supreme People's Assembly）被定性為寮國的「國會」，實施一院制的立法機構。相較於《憲法》制定前，最高人民議會的職權不明確，角色近似橡皮圖章。

《憲法》施行後，國會的委員透過選舉產出，任期五年，每年集會兩次，運作上開始具有民主機制，所以儘管候選人都是由人民革命黨指派的參選人，但在寮國的政治機制裡，還是有那麼一點民主選舉的色彩，同時國家最高領導人也得透過國會選舉來產生。

根據 1991 年的《憲法》，境內各族人民在人民革命黨之領導下

行使權利與承擔義務。1991 年執政的寮國人民革命黨在運作上以國家主席為國家之元首，擁有任命總理、部會首長以及軍事將領之實權。而中央政治局則為整個國家的權力核心，主導政策與人事，國會採一院制，現有 99 個席次，每位議員任期五年。

政府組織形式上為「行政、立法、司法」三權分立。而政黨組織與一般國際上共黨的組織結構相類似，以「中央政治局」為最高權力機關，而黨的總書記則為國家主席，主控大權。

2016 年 1 月，第 10 屆「寮國人民革命黨」全國黨代表大會中選出的總書記本揚・沃拉吉，並由其擔任國家主席至今。另在選出的 11 名中央政治局委員中以第二高票通倫（Thongloun Sisoulith）為現任總理兼外長，第三高票潘尼（Pany Yathotu）為現任的國會主席。

一般認為國家主席本揚的政治立場較不偏中，寮國有可能會強化與越南的關係，以及減少對中資的依賴。不過，2017 年 11 月，兩國在最高領導人的督促下簽署了《建設寮中經濟走廊的諒解備忘錄》，讓寮中未來關係的評估和本揚的確切立場，在判斷上可能會變得困難。畢竟個人政治傾向和國家安全考量，相對於中國巨龍的龐大經濟利益，對寮國領導人來說，無疑會陷入兩難困境。

奉行一黨專政的寮國，相較其鄰近的國家，寮國的政治環境相對穩定，社會動盪較少，也不常有持槍搶劫或擄人勒索等重大刑案發生。不過，近年來因經濟發展快速，國內貧富差距有明顯擴大趨勢，竊盜、詐騙、經濟犯罪的數量逐漸增加。

　　值得注意的是，這個經濟起飛的寮國，其實在對外關係上長期處於被動，因此與外國的各種往來是由客觀情勢決定，而不是由決策者的主觀偏好決定。此一特色與該國被殖民的歷史經驗、對帝國主義的反感、受地緣位置的限制，以及政治意識上的左右之爭，皆有關係。

　　但 1986 年寮國在政經立場上，便有明顯的大幅修正，從對外封閉保守轉為開放主動，特別是經濟面向的許多改革開放政策，從內向發展換軌到對外向發展，其目標是希望從非民主的共產體制計畫經濟，調整為減少政府干預的社會主義市場經濟。這類似於中國大陸在 1978 年推行的改革開放政策，以及越南在 1986 年的革新政策相似。

　　不過，在經濟制度上的調整也為寮國帶來一些風險，因為調整為外向發展的經濟模式之後，原本自身經濟條件不佳的寮國便開始會大量仰賴「外國」提供經濟資源與援助。正如學者宋鎮照的研究曾指出，寮國將銀行業開放給外國人，政策上也鼓勵民間企業推動出口貿易和吸引外資。這些經濟制度上的調整對於寮國的經濟成長確實有明顯貢獻，但也同時導致對外國的依賴，其中對於中國的過度依賴已成為近年來的重大議題。

　　在寮國與中國的互動關係背後，有幾個值得深思的面向問題；首先，表面上的依賴有一定程度的理性選擇，寮國官方並非完全沒有事先預知此一情況，而是在謹慎多方考量中透過「自主的」選擇，來謀取最多的國家利益。因此，從目前的實際外交互動來看，寮中兩國並不算是前者明顯仰賴後者的狀態，因為中國要借助寮國作為其在中南半島（或整個東南亞）的外交支點，同時還要藉重寮國來整合自己與

中南半島各國的經濟。其中經濟整合的部分在中共國家主席習近平推出「一帶一路」倡議下，這樣的戰略部署將變得更加重要。至於寮國方面，則是借助中國來制衡西方直接或間接的干預，同時自中國搶得大量投資與興建當地基礎建設的物質資源，如寮中鐵路、湄公河流域各段的水力發電站等大型建設。

其次，歷史上與地緣政治上，寮國的外交政策是不與任何一個鄰邊強國走得過近。對寮國而言，中、泰、越三個國家都不是真正的敵人，但也不是可以交心之盟友。因此，如何平衡地與三方交往，而不讓任何一方對自己擁有支配性的干預或掌控，才是寮國在中南半島這個「叢林之地」求存維安之道。

對美國的關係上，在歐巴馬總統時期，寮美雙方有極高層次的官員互訪與交流，歐巴馬總統本人甚至還親赴寮國表達自己對雙方關係之重視，以凸顯寮國在「重返亞洲」政策中的關鍵戰略價值。美國智庫對此也曾指出，美國在中南半島的利益之一，就是避免讓寮中發展出類似柬中間的關係。不過，川普上任後，因為積極驅逐有案底的外國移民出境，導致有不少寮裔在美移民必須限期離開美國。對此，寮國政府公開表示拒絕接收從美國政府被驅逐出境的寮裔人民，導致寮美關係目前處於一個低溫階段。

對歐關係方面，寮國與歐盟（European Union, EU）早在 1997 年就曾簽有雙邊的合作協定，歐盟對於寮國的援助和許多經濟改革方案也都給予支持。雙方在上述的雙邊協定中還特設一個共同委員會，每兩年定期輪流在永珍與布魯塞爾開會，討論經貿合作事項、人道救

助、教育振興，以及因應氣候變遷的相關議題。另外，從 2016 年開始，歐盟還與一些非歐盟的國家（如瑞士）透過歐洲共同計畫（European Joint Programming）繼續深化與寮國的互動關係。

11.3 寮國社會文化

相較於泰國或越南，寮國給人的印象較不獨特鮮明。不過，一般人都知道寮國是一個佛教國家。事實上，佛教信仰對於寮國今日發展上的影響極深。

早在 14 世紀，佛教信仰就已在寮國生根，瀾滄王國開國國王法昂（Fa Ngum）不但年幼時受教於佛學人士，其妻子也是一位佛教徒。在種種因素交錯與歷史累積的效果之下，僧侶、佛像、廟宇一直遍布在寮國各處，寮國人民也大多從小即接觸佛教。

佛學教育更是獲得國家制度上的支持，從小學到高中有級別分類的傳授佛學文獻與培育專業人員，取得最高等級者由寮國的教育部授與摩訶（Mahā）之銜稱。

在境內族群問題上，寮國不像印尼、菲律賓、緬甸等其他東南亞國家存在嚴重的族群衝突問題。在 1975 年後，寮國對於境內的少數族群其實有施行同化政策，企圖塑造穩固的族群認同，以建構人民對統治當局的忠誠。

事實上，即便對今日的寮國政府來說，族群認同的建構也依舊是一項關鍵議題，要怎麼在「暹羅化」（Siamization）的風險中，與強

大的鄰國泰民族保持友好的經濟互動，是一種兩難的抉擇與平衡。也許對古稱暹羅的泰國，與其說是兄弟之邦，無寧說是寮國歷史與文化認同上最大的敵人，其威脅至今未退，其合作相融的關係也未減。泰寮兩國以湄公河為界，約有 976 公里長，兩國緊密相依，語言也相通。因此，談起泰國，寮國人不免會有恐懼與憤恨感覺，然而又不得不依賴泰國的投資與文化傳播，自然會出現泰國對寮國強勢經濟與文化影響。

值得附帶一提的是，因為寮國曾受到西方殖民勢力的統治，因此法國對寮國的族群關係亦發揮一定程度的影響。在法國殖民初期，認為寮人可被「同化」（assimilated）成歐洲人，所以在 1890 年代以前，同化政策就成為法國殖民寮國的一項政策。不過在殖民過程中，商業利益的重要性卻漸漸凌駕了同化政策，所以基於務實的經濟考量，1897 年後的法國就改採「分而治之」的統治政策，不再試圖同化寮人。不過在法國殖民期間，越南人（當時稱安南人）的政治地位與權力皆高於寮人，讓寮人成為次等人民。

二戰結束之後，殖民勢力退去，而共產勢力開始治理寮國，於是「國族化」（nationalization）及國家認同（national identity）成為人民革命黨管理整個國家的一項相關政策。《憲法》直接在第 75 條至第 79 條明確規定，賦予境內各族群法律上的平等。不過寮國實際上的族群關係並非如同法律上的規定，而是取決不同群體在政治和（或）經濟決策權上的掌握比例是否均衡。

在治安方面，雖然與鄰邦泰國同為佛教信仰的國家，但寮國的民

風還沒有受到太多資本商業化的影響，民風相對純樸簡約，故而犯罪率比較低。不過，許多旅遊書籍或部落客網站提醒前往寮國的旅人注意人身安全與衛生安全。

因為歷史上曾有內戰與反美的軍事活動，寮國境內還有不少地雷或未爆彈埋在地下，故不時會發生遊客被炸傷之意外事件。在寮國旅遊時，若有涉足偏遠地區的行程，建議要找當地人相伴，以減少人身安全上的風險。

在公衛條件方面，一是因為氣候，另一是因為習慣，所以路邊小販的飲食衛生狀況不是很好，建議不要輕易嘗試。禽流感也曾在寮國爆發過，而且是人被動物傳染的病例。因此，在寮國實地旅行期間，盡量不要直接與動物肢體接觸。

事實上，寮國的發展深受地緣因素左右，文化和自然也不例外。由於是內陸國，加上經濟條件較鄰國差，雖然寮國本身的經濟已持續成長中，但寮國的流行文化幾乎都是仿效與接收泰國。因為兩國人種有極為近似的淵源，語言又可以相通，經濟上表現較佳的泰國及其文化在寮國很容易成為仿效的對象，接受度也特別高，而流行文化更是受到年輕世代的普遍歡迎。這樣的現象可以從許多寮國年輕人願意赴泰國打工得知，也就是說不只是為了賺取較高的薪資，寮國年輕人在服飾、音樂、戲劇、時尚等消費型娛樂上，也受到泰國很大的影響與吸引。

在飲食文化上，也可以發現寮國與泰、越兩鄰國之差異。寮國的冷菜類（如青木瓜絲）和泰國近似，但在口味與佐料上卻比較清淡，

會搭配其他水果，如蕃茄；而熱食類（如河粉pho），則又與越南近似，但同樣口味上不會那麼強烈。糯米飯還是寮國人最愛的日常主食，在寮國食物比重中約占 70%。

最後，關於觀光發展上，寮國一般性旅遊的說明和介紹，已經有不少旅行社網站和背包客們的分享，寮國知名觀光景點主要集中在永珍（又稱萬象，有塔蠻、凱旋門、湄公河畔、南娥湖等）、琅勃拉邦（古城、關西瀑布、普西山等）、旺陽（或翻成萬榮）、占巴賽等周邊，頗有世外桃源之感。寮國基本上是泰國人度假的後花園，到處都能見到泰國觀光客，商品標價甚至用泰銖標價，甚至有許多來自泰國的投資與貿易連結活動。

欠缺工業生產的緣故，寮國民生物資大多從泰國進口，連休閒看的電視頻道都只能選擇泰國節目。由於寮國政府對媒體管制嚴格，只開放一個電視頻道而已，而且只能播些無趣的國內新聞。因此，很多商品都必須從泰國進口的，而泰銖在寮國更是暢行無阻，也可以自由流通和交易，儼然是區域上的強勢貨幣。尤其是很多泰國人到寮國一遊，便不用再兌換成基普很是方便，在邊境的貿易上更成為「泰銖經濟圈」一樣，直接用泰銖交易。在匯率上，泰銖兌換基普大約是 1：250，也就是 1 萬寮國基普約等於 40 泰銖。當然也可以用美金交易，也是很方便的。近年來自中國的投資客與遊客，也越來越多，現在商家連人民幣也都願意收。

11.4 寮國經濟發展

　　儘管在經濟成長上有亮眼的表現，寮國目前還是屬於低度發展國家，依 2017 年之統計，該國經濟之平均成長率雖然多年來均是保持在 7% 左右，惟 GDP 到目前為止都還沒有超過 170 億美元（約 168.1 億美元），是當前東南亞國家中規模最小的經濟體（不包括 121.3 億美元的汶萊和 30 億美元的東帝汶）。

　　不過，以發展潛力來看，寮國已在 2013 年加入「世界貿易組織」（World Trade Organization, WTO），同時國內也積極展開經貿制度之改革，並在金融體系上與世界逐漸接軌，根據聯合國發展政策委員會報告，2018 年寮國首次脫離最不發達國家行列。也正如世界銀行（World Bank）的評估報告指出，寮國可望於 2020 年自低度發展國家中畢業，甚至期待寮國在 2025 年成為中等收入國家，在 2030 年成為中高收入發展國家。

　　在發展策略上，借助境內地勢變化與湄公河之豐沛水力，寮國官方不斷嘗試自外國引進資金，來興建能夠發電的水壩工程，然後將產生之電力作為一項能源商品，出口至用電耗量龐大的鄰國，來賺取外匯，為自身累積資本。這樣的發展策略多年操作下來，寮國目前已經啟用 61 個水電站，可滿足寮國國內所需電力，以及將電賣到鄰近的泰國、越南、馬來西亞、柬埔寨和緬甸，為寮國搏得東南亞的「蓄電池」稱號，或是「亞洲電池」美譽。

　　根據 BBC 的報導，目前寮國境內共有 39 座電力水壩，超過 53 座正在興建或規劃中，希望到 2020 年建立超過 54 條電力傳輸線，以

及 16 座中繼站。目前已經將產出電力的三分之二輸出國外，在出口總值中電力約占三成。

依據寮國計畫暨投資部（Ministry of Planning and Investment）之資料，2017 年官方共核准了 36 件投資案，金額為接近 17 億美元，其中外資就占了 12.4 億美元之多，約占了 73%。以中、泰、越、馬四國為首，而投資項目則以電力、礦業、服務業及農業為最多。

其實，伐木及礦業也是寮國的重要國內產業。在伐木上，寮國盛產柚木和紫檀等名貴的木材，森林面積達 900 萬公頃，全國森林覆蓋率約 42%。目前面臨盜伐林木的情況日益嚴重，寮國政府近年已逐漸加強森林資源的保護，並對稀有種的木材全面性地限制出口。

在礦業部分，寮國擁有豐富的錫、鉛、鉀、銅、鐵、金、石膏、煤等，目前在寮國大約有 10 億美元的產值規模，而且有市場價值的礦種非常多，因此吸引許多外資，澳洲是全球在寮國投資礦業最積極的行為者，中國近幾年也開始跟進，主要是開採銅礦與黃金。

寮國雖然吸引了不少外資，但投資寮國也同樣有不少風險，其中缺工、運輸、法律上限制是三大挑戰。由於寮國是一個人口相對稀少的國家，加上平均個人薪資一個月不到美金 200 元，導致許多寮國人移往鄰國求職就業，以換取較高薪資報酬，造成寮國的勞動力處於匱乏狀態。

在運輸方面，因為基礎建設多半還在興建階段，所以物資的進口與出口倚靠泰國的海港與機場，營運或銷售的成本無形中增加許多。

至於法律層面，投資寮國的合法管道基本有三種模式：單純合資

經營、與一個或多個寮國投資者合作，外國投資者的持股率不得低於總投資額之 30%，以及完全持有股權的外資。不同類型的稅賦制度有別，並且依據公司實際資本額的大小及營收情況由寮國政府課徵所得稅、紅利稅，或其他名目不一之行政規費。

臺灣目前已有銀行業者，如第一銀行，在寮國已經開設分行，協助當地臺商處理跨國貿易、信用狀和融資等相關問題。

臺商自 1986 年寮國開放對外貿易以來，持續以中小型企業為主要投資模式進軍寮國市場，產業別集中在家具及其相關產業、塑膠製品、小家電、塑膠袋、造紙、旅館、咖啡、PVC 水管、紡織暨成衣、礦產、金融業務等。

臺灣商會寮國總會於 2010 年 1 月 7 日獲得寮國政府同意成立，會員約有 50 人，而來寮國的臺灣人數約有千餘人。臺灣商會寮國總會成立的目的，在於服務當地臺商，想前進當地寮國發展的臺灣鄉親，可以參考其網頁 www.ctclao.com。

值得一提的是，臺商在寮國南部從事咖啡種植的「歐客佬」（OKLAO），其咖啡生產主要供應給臺灣的統一，也就是 7-ELEVEn 便利商店銷售咖啡的來源。此外，臺商也開始利用當地的甜美水果，如鳳梨、芋頭、河苔，亦開始設廠來製造具有當地特色和味道的鳳梨酥，或是一些健康食品的製造，善用當地的農產品。

依寮國官方統計，截至 2017 年止，臺商在寮國投資總額約 8,666 萬美元。值得注意的是，由於寮國產業超過半數還是初級類別，加上競爭力不高，故與臺商沒有明顯的衝突。因此，除了稅務、人力、貨

品運輸等方面的挑戰外,不失爲投資的一塊寶地。

11.5 寮國不動產市場發展與潛力

任何國家不動產最具吸引力的地方,不外乎是該國的首都或金融大城或旅遊地區,寮國自然也不例外,以永珍的房市目前備受矚目。近十年來,永珍城市景觀的改變也是煥然一新,隨著高樓興建,百貨公司和購物商場的林立,跨國商業經營,讓永珍的國際化程度提升不少,以及永珍城市面貌的蛻變,更是有目共睹。

依據當地市政府的一些統計資料,永珍房地產行情從 2011~2017 年,平均漲幅維持在 14~16%。投資永珍不動產的優勢在於非屬地震區域,又位處泛亞鐵路和中南半島的樞紐位置,加上觀光人潮絡繹不絕,房價或房租理論上都會水漲船高,有很大的發展空間和潛力。

寮國第一座百貨公司形成的商城是「永珍中心」(Vientiane Center Lao),之前最大的市集商場是 Talat Sao Shopping Mall。永珍中心購物商場結合百貨、住宅、商辦的商業區,是永珍都市化的重要里程碑,這對永珍地區的房地產發展,也造成一定程度的催化作用。

此外,特別是在寮國與中國建設中的中寮鐵路,預計在 2021 年完成,全程約 414 公里,可以讓寮國連結中國與泰國經濟,打通寮國在地理交通上的限制,讓人力、商品、資金、技術、旅遊等更加暢通,寮國可以在 3.5 小時內將國內蔬果運送到中國大陸,以及運費降低一半,吸引更多的中國人和泰國人到永珍來置產,以及更多各國商旅人

士對房地產的需求度升高。

以永珍市區為例，一間 30 坪或是三房的公寓為例，租金一個月要價 800 美元（至少）。然而伴隨高經濟成長率而來的熱絡房市，經常是催化金融危機的禍源，故而未來十年的寮國不動產走向與趨勢，將是一項觀察該國經濟發展穩定與否的指標。倘若房市只是看似繁榮、投機與炒作者眾，但真實情況是市場購買力不足時，泡沫經濟的假象早晚要崩解，屆時寮國恐怕要面臨大麻煩。

此外，少有人注意到寮國的土地政策。在國有和私有的分類下，前者無論如何均不能成為買賣交易之標的，只能租賃，相較之下，私人土地才可依法進行買賣。不過，對於外國企業或外國投資人來說，購買私有土地的前提是必須在寮國註冊與設址，也就是說外國投資者必須辦理移民手續，或是成為寮國公民。

11.6 結語：寮國鹹魚翻身的發展契機

寮國在追求「更好」發展的道路上，似乎選擇了改善經濟這條路，然後將國家大量的資源與人力投注在硬體方面的基礎建設，而不是軟體方面的國民教育。同時，更聚焦在如何招商引資，來創造出更多的就業機會，而不是怎麼維護環境品質，這是寮國在發展策略上的選擇，其背後的機會成本可能在不久的將來為其帶來一些挑戰。

寮國是一個信仰佛教的非民主國家，以共產模式的政治制度在進行國家治理，但另一方面卻難敵資本主義的力量，不得不向全球經貿

展開雙臂。值此之際，寮國政府漸漸開始重視農業、農村和農民的經濟成長，融合文創、一村一品，以及佛教文化與旅遊資源，建立一個世外桃源般的生活景觀，形成寮國在發展上的另一項特色。

　　雖然寮國距離臺灣頗遠，地形、氣候、經濟水平、社會文化、產業結構、族群關係等許多面向皆異於臺灣，但追求改善經濟的發展模式卻與過去或現在的臺灣有所雷同。天下沒有白吃的午餐，任何的選擇背後都有機會成本，臺灣已經因為追求經濟發展而付出不少環境惡化的代價，並且這些代價還在某程度上反蝕了臺灣的經濟成果。如今企圖成為中南半島蓄電池的寮國，會不會最終淪為漏液的電池，或在成就永珍與幾個特定都會區域的發展之際，陪葬了全國的環境與弱勢族群的權利？

第 **12** 章

結論
發掘東南亞潛力與商機

　　臺灣一直以來都重視美日和兩岸關係的發展與研究，往往忽視對東南亞的重視，甚至心理上心存輕視東南亞的重要性。但是隨著東南亞經濟的崛起，以及東南亞的地緣政經戰略價值提高，皆受到亞太大國的重視，甚至東南亞經濟的發展潛力更是備受矚目，深怕在前進東南亞落後他國腳步，而失去經貿投資機會，國際重要經濟體都卯足了勁，前進東南亞，以及發掘東南亞的潛力。在中國崛起之後，東協崛起接棒，也成為必然的發展現象，臺灣豈能忽視東南亞？

　　以地理位置來看，臺灣跟東南亞的關係非常密切，與其將臺灣併入「東北亞」，還不如納入「東南亞」，同時加上南島語系的連結，更來得有地理上的親近性和適切性。

　　再從臺灣地緣經濟的角度來看，東南亞可以扮演重要的多元角色，東南亞不僅只是支撐臺灣發展的後院，更是重要的投資生產基地。東南亞不僅提供臺灣重要的經貿市場，也是經濟資源的提供者，更是旅遊休閒的市場。目前長期居住在東南亞區域的臺灣人，可能已接近 50 萬人，在當地投資經營企業或是工作者，讓臺灣與東南亞的連結更加密切。若是再加上在東南亞區域超過 3,000 萬的華僑，那麼在經濟與社會文化的連結介面將更大，而這些都是社會網絡的商業契機。

　　此外，東南亞也是提供臺灣所需的外來移工，為臺灣產業或是照護作出貢獻。更重要的是臺灣與東南亞已經發展出另一層的姻親社會關係，以及來臺唸書僑生的社會網絡，不但加強了雙邊社會文化的連結，更為臺灣社會文化多元發展提供重要元素，融入更多從東南亞來

的新移民，在臺灣隨處可以看到越南小吃、泰國料理、滇緬菜色、印尼和菲律賓百貨，以及馬來小吃。

關於前面各章對東南亞十國的政治經濟和社會文化的介紹，在此可以歸納出一個完整的圖表，如表 12-1 所示。讓讀者進行對照和比較，針對各國的土地面積、人口、國體和政體、當前各國領袖、各國國內生產毛額、人均所得、經濟成長率、通貨膨脹等，可以一目了然。

其實臺灣已推動南向政策多時，以圖擴展經濟多樣性與市場商機。隨著前進東南亞策略的推動與鼓勵，也逐漸開花結果，讓越來越多的臺灣商人、教育工作者、文化推動人士、宗教交流者與一般國民前往東南亞發展，這也提高了對了解東南亞各國政經情勢狀況的需求。值此之際，認識東南亞已經是不可迴避的嚴肅課題，而走進東南亞，更是不可忽視的實際行動。

臺灣與東南亞國家的貿易總值，在 2017 年已超過 737.8 億美元，約占東協貿易總額的 11.241%。東南亞十國對臺灣的出口金額成長了將近 7%，而從臺灣進口的金額成長了將近 19%。再分別從臺灣和東南亞各國貿易來看，新加坡與臺灣的雙邊貿易總值最高，其次為馬來西亞。這些與日俱增的臺灣與東南亞雙邊經貿關係，跟東南亞經濟崛起也有相當的關聯性。

值得注意的是，東南亞經貿積極快速發展，除了啟動東協經濟共同體（AEC）進程，以及中國推動一帶一路倡議的發展，加上日本、南韓和印度的積極投入東南亞發展的力道，加上美國印太戰略上的經濟施力點，都使得當前東南亞各國發展的前景勢頭，越來越被國際看

表 12.1　東南亞十國的經濟狀況

	柬埔寨	寮國	泰國	緬甸	越南	菲律賓	汶萊	新加坡	馬來西亞	印尼
面積（平方公里）	181,035	236,800	513,120	676,578	331,051	282,764	5,765	716	330,257	1,919,440
人口（萬）	1,580	716	6,900	5,230	9,260	10,420	42	561	3,160	25,870
國體	君主立憲制	社會主義共產國家	君主立憲制	軍事政權	社會主義共產國家	民主共和制	君主制	共和國	君主立憲制	民主共和制
政體	內閣制	一黨專政	軍事專政	總統制	一黨執政	總統制	蘇丹君王制	內閣制	內閣制	總統制
總理／總統	洪森	本揚·沃拉吉	巴育	吳溫敏	阮春福阮富仲	杜特蒂	哈山	李顯龍	馬哈迪	佐科威
2017 GDP（億美元）	223	172	4,378	670	2,160	3,212	120	3,058	3,099	10,110
2016 經濟成長率（%）	7.0	6.9	3.2	6.3	6.2	6.9	-3.2	2	4.2	5
2018 通膨（%）	3.49	2.70	0.98	6.10	4.00	3.02	0.00	1.29	2.90	3.90
2017 人均 GDP（美元）	1,390	2,568	6,336	1,272	2,306	3,023	27,893	53,880	9,660	3,859

資料來源：取自 http://www.8pu.com/gdp/per_capita_gdp_2018.html 和 http://www.8pu.com/gdp/ranking_2018.html（瀏覽於 2019.1.30）。

好與肯定。

　　對此，反觀臺灣內部對於東南亞的了解、認識和研究，在新南向政策的加持下，全民勢必要對東南亞區域政經情勢有進一步的認識。從認識（knowing）東南亞、思考（thinking）東南亞，到行動（acting）東南亞，再到掌握（holding）東南亞利基，才能讓東南亞成為臺灣經濟成長的支撐後院。

　　因此，如何與新南向東南亞國家在產經、社會和文化在發展上可以有利對接加強臺灣對新南向國家可以發揮更佳的連結和優勢，提升臺灣在新南向區域的經貿競爭力。下列有幾點關於當前東南亞政經和社會文化的變遷，必須加以關注，因為這些變遷可能是東南亞發展的潛力，會產生一些商業契機。

12.1 東南亞人口結構改變

　　預估 2023 年之後，泰國、越南、印尼 15~64 歲的勞動人口將陸續邁入零成長至負成長。換言之，在東南亞人口紅利的優勢逐漸消失的情況下，勞動力輸出將出現逆轉。而臺灣目前倚賴產業、家事外勞支持低成本的產業發展及照護需求，未來也將無以為繼。因此，臺灣勢必要揚棄低成本掛帥的發展思維，以創新來驅動經濟成長，臺灣產業經濟的發展優勢也必須要高度轉型到自動化、機械化、文創化、人工智能化、綠能化、品牌化、醫療化和電商化等。

12.2 面對中產階級和新消費族群的興起商機

近年來東南亞經濟成長強勁，也帶動中產階級人數的快速成長。東南亞在 2014 年時中產階級人數已比五年前增加一倍。因此，針對各國中產階級的消費模式與需求，也將是未來重要的投資商機。此外，東南亞持續成長的龐大市場，尤其女性和老年人口的消費能力提高，對於醫療健康和社交商品需求會增高，這些更是臺灣經濟成長動能的所在地。

12.3 建置資料庫的需求

因為語言隔閡和地理文化的問題，臺灣對於東南亞國家的研究並不算多，資料建構也不完整，在產業經濟、政策、法規等問題上並沒有通盤的掌握與了解，很多還只是處於學術研究上的基礎階段，如總體經濟、文化層面。因此需要建立相關更豐富與多元的資料庫，來了解整個東南亞各國的相關情形。這部分除了由政府部門來建構之外，還可以透過法人單位、智庫、工商協會等方式進行，強化民間單位的對口連結，以及在相關的合作上可以更為靈活與全面的蒐集。

12.4 強化人才培育

目前臺灣不論是要吸引東南亞國家來臺灣旅遊或是派駐到當地進行相關情報收集或經商活動，都會發現人才短缺。而人才需求大，不只是臺灣本身，東南亞國家因為經濟高度成長，需求人才的程度也提

升。因此，對我國來說，建議強化相關人才的技能培育，尤其在資訊、科技、服務、醫療、旅遊、文創、經貿、電玩、教育、餐飲、電商、物流等領域，人才需求市場極大。另外，也應思考是否有可以相對應放寬相關的法規，讓目前有語言能力且有意願的人才盡快進入職場，或是從境外尋找短期的服務人才來滿足國內目前在政策推動下急需的勞動缺口。甚至鼓勵國內所培育出來的專業人才，前進東南亞或南亞發展，發揮所長來創業。

12.5　發展臺灣自有品牌與特色之新南向商機

臺灣本土有很多商品或品牌都具有臺灣本地的特色，也很受到東南亞國家的歡迎，也有很多廠商都往東南亞國家進行投資及開店，如臺灣在東南亞手搖茶的盟主「日初茶太」，造成東南亞國家人民搶購的「純粹喝」飲品，及最近爆紅的「星球爆米花」等，顯見臺灣的品牌力量都可以在進行包裝之後成功的進入東南亞市場。但必須注意的是，各國的法規及民情不同，在進軍該國時必須注意，像是東南亞國家的清真人口眾多，要賣相關的產品必須獲得該國或組織的認證，如清真食品的認證。臺灣目前也才在推廣相關的認證，且在相關的推廣上也有不足，必須加快腳步，搶占這廣大的商機。

12.6　重視穆斯林市場商機

將近有 17 億人口（約 23% 世界人口）的穆斯林社會龐大潛在商

機，從東南亞將近有 3 億與南亞約有 4~5 億的穆斯林人口，便可以知道清眞食品的產業發展或是旅遊觀光業的市場，對臺灣來說相當具有發展潛力。一般說來，穆斯林國家因爲宗教緣故與中國的外交關係和交流不是很友善和睦，因爲中國對新疆回族的打壓，因而對中國的疑慮也不低。對此，臺灣食品產業的發展向來有不錯的基礎與聲譽，如何獲得或是開發清眞食品認證的合作，政府可以鼓勵創新與研發相關符合穆斯林社會所需求的相關食品與商品。

12.7 以整合行銷的方式，銷售臺灣的產品與服務

鼓勵在新南向國家的臺商或在地業者可以善用臺灣的相關服務與網絡，如物流業、批發零售業、貿易網路的服務資源與相關通路，以就地提供或滿足東南亞和南亞相關國家的需求，建立一個相互合作與共贏的格局。

12.8 攜手他國共進東南亞與南亞發展

在當地有很多國家廠商已進入發展，因此對於當地的產業經濟、風俗習慣、商情等已有相當的熟悉，像是日本因爲中國競爭的關係，很早就進入東南亞關鍵產業的布局，再加上臺灣與日本的產業供應鏈上屬於上下游的關係，不像與韓國是呈現競爭關係，因此可以與日本產業進行合作，一同進入東南亞市場。

12.9 提供金融服務，便利當地廠商的資金需求

金融服務方面，可以分為國內、國外二部分，在臺灣內部方面，因我國的東南亞勞工人數眾多，需要將所賺得的薪資匯回當地，因此衍生許多的金融服務商機，如菲律賓每年自國外匯回菲律賓的勞工薪資超過 100 億美元，因此中國信託即針對印尼及菲律賓的勞工開放 ATM 匯款，每筆收取 200 元的手續費，對於銀行的營收有很大的幫助。在東南亞當地方面，因為臺商在當地經營也需要資金，而透過當地的金融體系取得資金較為不易，因此若臺灣的國銀可以進行跨境服務，深耕「供應鏈融資」業務，推動微型金融機構業務，可以協助臺商擴展規模有相當大的幫助。同時，這些國銀在東南亞已經設立子行或分行，如兆豐銀、國泰世華、中國信託、第一銀行、玉山銀行、合作金庫等等，在柬埔寨、越南、泰國、印尼、馬來西亞、寮國、緬甸、新加坡等，享有更大的經濟利潤。

12.10 金融數位科技發展（跨境電商）

跨境電商和金融商務數位化是東南亞和南亞國家目前相當重視的發展領域，因此如何快速強化這數位化領域發展，也是臺灣銀行業必須快速的掌握，因為東南亞國家的幅員廣大，各國之間的商業物流、金流等服務需求日益增加，也日益增加廠商的競爭，因此臺灣跨境電商或是相關的銀行體系必須注重這部分的優勢。因為數位化發展背後所帶動的跨境電子商務和金融電子化，將會是東南亞和南亞國家下一步推動的重點，例如印度推行「數位印度」與中國阿里巴巴正在東協

建立相關的據點，會以泰國為基地興建電商工業城，來拓展柬寮緬越（CLMV）的市場，在在顯示目前南亞、東南亞國家都積極發展電子商務，臺灣更應該積極布局。

12.11 東南亞國家的不動產商機看好

　　近年來由於中國一帶一路倡議之積極推動，加上亞投行（AIIB）向亞洲各國家和地區提供所需基金，還有來自日本、南韓、臺灣、紐澳、香港等國資金挹注，甚至美國和歐盟資金也大量湧入，以支持東南亞國家的基礎設施建設所需。同時，加上東協經濟共同體整合發展進程，讓東南亞經濟前景看好。特別是當中國及其他亞洲國家和地區的熱錢湧入東南亞國家之際，挾著擁有土地價格低廉、人口紅利、資本寬鬆且自由流動的有利條件，東南亞國家的房地產業正快速成長。相對於臺灣不動產，東南亞房地產的開發正加足馬力拓展，其獲利空間更具吸引力。一般而言，房地產是一個資本密集產業，需要政府在金融市場的支持，當前臺商前進東南亞不動產的投資，更需要臺灣政府的支援，讓新南向政策的發展能夠發揮其影響力，並跟積極在東南亞布局房地產和基礎建設的南韓，可以一較高下、分庭抗禮。

國家圖書館出版品預行編目資料

東南亞崛起中：窺視東南亞的面貌與商機／
宋鎮照,張文德主編.--初版.--臺北市:五南
圖書出版股份有限公司, 2019.04
　　面；　　公分

ISBN 978-957-763-362-0(平裝)

1.經濟發展　2.投資環境　3.東南亞

552.38　　　　　　　　　　108004612

4P78

東南亞崛起中
──窺視東南亞的面貌與商機

主　　編 ― 宋鎮照、張文德

發 行 人 ― 楊榮川

總 經 理 ― 楊士清

總 編 輯 ― 楊秀麗

副總編輯 ― 劉靜芬

責任編輯 ― 蔡琇雀、呂伊真、李孝怡

封面設計 ― 王麗娟

出 版 者 ― 五南圖書出版股份有限公司

地　　址：106台北市大安區和平東路二段339號4樓

電　　話：(02)2705-5066　傳　　真：(02)2706-6100

網　　址：https://www.wunan.com.tw

電子郵件：wunan@wunan.com.tw

劃撥帳號：01068953

戶　　名：五南圖書出版股份有限公司

法律顧問　林勝安律師事務所　林勝安律師

出版日期　2019 年 4 月初版一刷
　　　　　2021年10月初版二刷

定　　價　新臺幣350元